はじめに

トレーナーとして20年以上、幅広い年代の方々のトレーニングをサポートさせていただいてきた中で、つくづく感じていることがあります。これまで、世の中では数々のすばらしい運動法が考案され、さらに今も改善され続けています。にもかかわらず、なぜいまだに多くの方たちが運動不足になり、腰痛やひざ痛などに苦しんでおられるのでしょう？

それは、「続けられないから」だと思います。スポーツ選手なら成績やパフォーマンスを向上させるために、ケガをした方なら機能回復のために、運動やリハビリテーションに励まれることと思います。しかし、「衰えを防ぎたい」という理由で毎日つらい思いをするのは、若い頃ならともかく、歳を重ねると、どうしてもおっくうになってしまいます。

そこで取り組んでいただきたいのが、本書で紹介する「寝たまま股関節スローストレッチ」です。簡単なので覚えやすく、道具も手間も場所も要らない「続けられる運動」の決定版だと自負しております。

私たちの身体でもっとも大きな関節である「股関節」を、布団の中やベッドの上で動かすだけの簡単なものですが、その繰り返しによって「正しい身体の使い方」が身につきます。身体に無理な負荷がかからず、筋肉を適切に使うことができるので、関節への負担も減らすことができます。そして、その先にあるのが、「ずっと元気に歩ける身体」です。

活力あふれる高齢期のための簡単習慣、今日から始めてみてください。

股関節ストレッチスタジオ「ナチュラルムーブメント」代表　藤本陽平

本書のねらい

本書では、寝たまま行うことで股関節の活性化に効果を発揮する「寝たまま股関節スローストレッチ」を7種類紹介します。どれも簡単な内容で、すぐに覚えられて忘れることがないので、その都度本書を開いて確認し直す必要もなくなるでしょう。
毎日、朝と夜に行って、「一生歩ける身体」をつくりましょう！

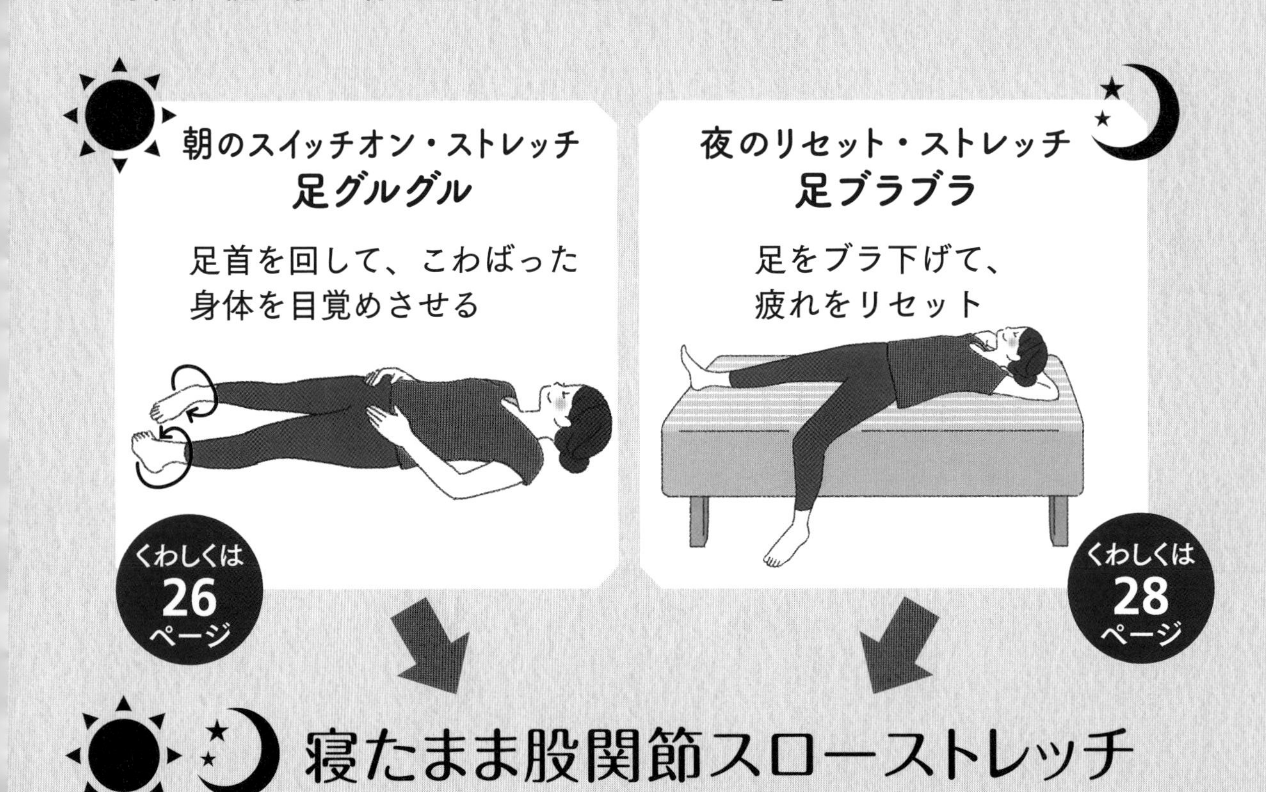

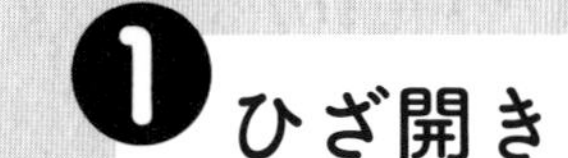

寝たまま股関節スローストレッチ

❶ ひざ開き

衰えやすい「内もも」をストレッチ

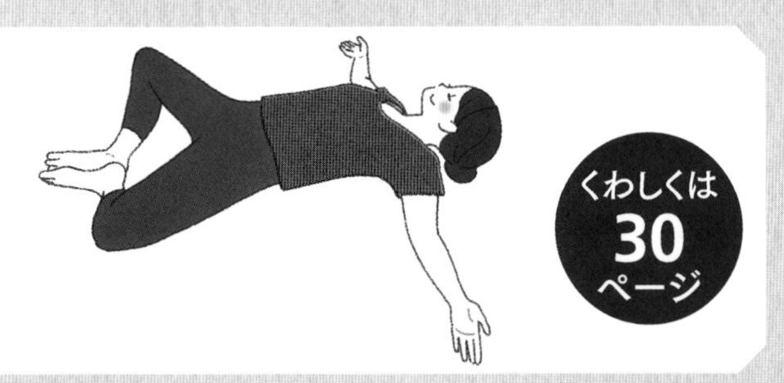

くわしくは30ページ

❷ 両ひざ倒し

腰周りやお尻など股関節
全体をストレッチ

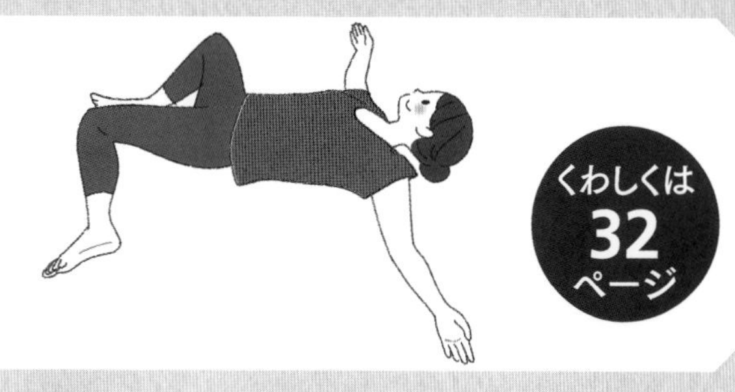

くわしくは
32
ページ

❸ 片ひざ倒し

お尻と、股関節の前から
横をストレッチ

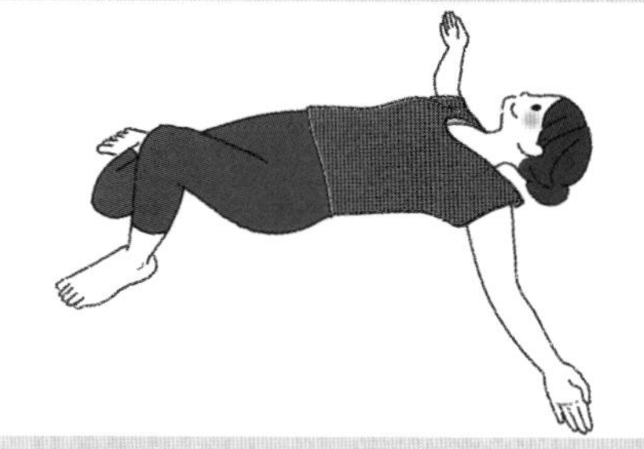

くわしくは
34
ページ

❹ かかと乗せ倒し

股関節の前と横、お尻を
さらにストレッチ

くわしくは
36
ページ

❺ 足バイバイ

内もも・外ももに効くストレッチ

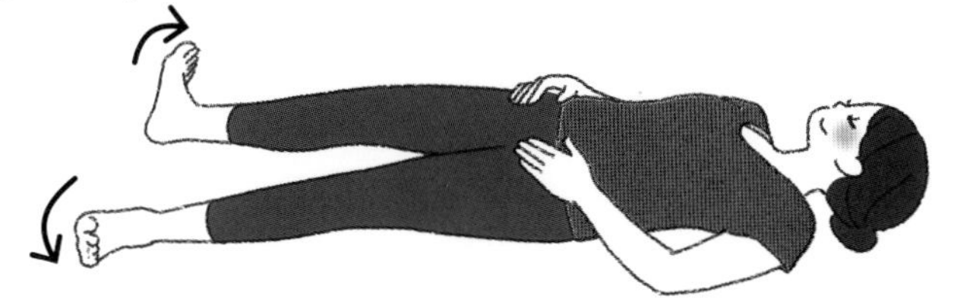

くわしくは
38
ページ

一生歩ける！ 寝たまま10秒 股関節スローストレッチ もくじ

2章

やってみましょう 寝たまま股関節スローストレッチ

3章

良い歩きのための4つのレッスン

4章 いつまでも元気に過ごすための毎日の習慣

装幀　村田隆（ｂｌｕｅｓｔｏｎｅ）
イラスト　渡邉美里
編集協力　林加愛
組版・本文デザイン　朝日メディアインターナショナル株式会社

監修者の言葉

腰が痛くなるのは歳のせい？
違います。これまでの生活で、筋肉の柔軟性を失ってきたからです。
私は整形外科医として病気を診断するだけでなく、画像に写らない筋肉・筋膜の痛みを注射やリハビリテーションで治療しています。
高齢者はもちろん、子どもや筋肉隆々なスポーツ選手も痛みを訴えて来院します。歳だから痛くなるのではなく、共通するのは筋肉が硬いということです。
硬い筋肉は背骨や関節に負担をかけます。それが長年積み重なることで背骨は曲がり、関節が変形する要因となると考えています。
座ってばかりで、お尻やもも裏の筋肉を椅子で圧迫し続けている方も多いのではないでしょうか。股関節周辺の筋肉が硬くなるとねこ背になり、正しい姿勢が取れなくなってきます。あちこち身体が痛くなる前に、本書のストレッチで股関節を柔軟にしておきましょう。
コツとして、ストレッチしたときにつっぱる筋肉があったら、無理して伸ばし続けずに、つっぱる筋肉を手で気持ちよくマッサージしてみてください。すると、さっきよりも伸ばしやすくなっているはずですよ。

さいとう整形外科リウマチ科院長　斉藤 究

1章

一生歩ける身体は「股関節」がつくる

いつまでも元気に歩ける人の秘訣

「どれだけ歩くか」より「どう歩くか」

この本の目的は、一生歩ける身体になることです。その方法をお話しする前に、確認しておきたいことが一点あります。

「一生歩ける身体になろう」は、「歩いて健康になろう」とは違うということです。

皆さんは「よく歩く人」に、どんなイメージを持っていますか？　キビキビと活動的で健康的、といった印象でしょうか。

しかし歩いている人が全員健康的か、というと、そうではないと思います。ウォーキングをしたおかげでスッキリ痩せた、痛みが消えた、という人の例は意外と少ないものです。逆に、「かえって腰が痛くなった」など、マイナス効果になっている例さえあります。ただ歩くだけでは、決して健康増進には結びつかないのです。

歩くことでスリムになったり、健康的になったりするには、前提条件があります。

それは「効果が出る身体であること」。身体という基盤が整っていてこそ、「良い歩き」ができるのです。

では、良い歩きができる身体とは、どのようなものでしょうか。3章でくわしくお話ししますが、それには次の三要素が必要となります。

①まっすぐ立てること
②片足で立てること
③リズム感があること

中でも重要なのは**「①まっすぐ立てること」**です。一見簡単なようですが、実はできていない人が多数います。

ねこ背の人、腰が反り過ぎている人、左右どちらかに傾いている人は「まっすぐ」立っているとはいえません。この状態で歩くと、筋肉の使い方に偏りが出てしまうのです。

良い歩きができていないと、歩いていても心地よさを感じづらいものです。ももやふくらはぎが張ったり、疲れやすかったり、身体が痛んだり……。その結果、ウォーキング習慣が挫折する事例はよく見受けられます。

逆に、良い歩きができていると、歩くことが楽しくなります。運動のためというより、楽しい時間を過ごすためにウォーキングをしたくなるはずです。**関節と筋肉を適切に使えているため、疲れることもなく、運動効果やダイエット効果も高くなります。**

そして、運動に限らず、活動全体がおっくうでなくなるでしょう。家の掃除など、ちょっとした家事も「サッと」立って「パッと」実行できますし、趣味や習い事、友人との食事や買い物にも軽いフットワークで出かけられます。

「一生歩ける身体」は、楽しくアクティブな人生へのパスポート、といえるでしょう。

「良い歩き」のための三要素

① まっすぐ立てること

② 片足で立てること

③ リズム感があること

股関節は運動のメインエンジン

歩きの要は股関節

では、一生歩ける身体になるには、どうすればよいのでしょうか。

そのキーポイントは**股関節**です。

人が立つ・座る、歩く・走るといった動きをするとき、主に働くのは下半身です。

下半身には、足首・ひざ・股関節という三大関節があります。股関節はこのうち、身体の多くの部位にもっとも影響のある関節です。

たとえば、関わる筋肉の数。ひざ関節の周りにある筋肉の数が13種なのに対し、股関節周りには23種あり、筋肉量が多く大きな力を発揮することができます。

股関節周りを動かせばこれらの筋肉も働き、大きな運動効果を発揮することができます。ですから私は、股関節を**運動の「メインエンジン」**と呼んでいます。

次ページの図を見てみましょう。股関節は、骨盤の左右についている「寛骨臼」という丸いくぼみに、大腿骨の先端である「大腿骨頭」がはまり込んでいます。この構造のおかげで、股関節は多様な動かし方ができるのです

まず思い浮かべる人が多いと思われるのは「曲げる・伸ばす」といった動かし方でしょう。この動きは、股関節の曲げ伸ばしによる「屈曲・伸展」といわれるもので、座るときや屈むとき、足を前後に動かすときなどに使います。しかしこれだけではありません。

このほかにも足を外側・内側に振るときの

骨盤周りの仕組み

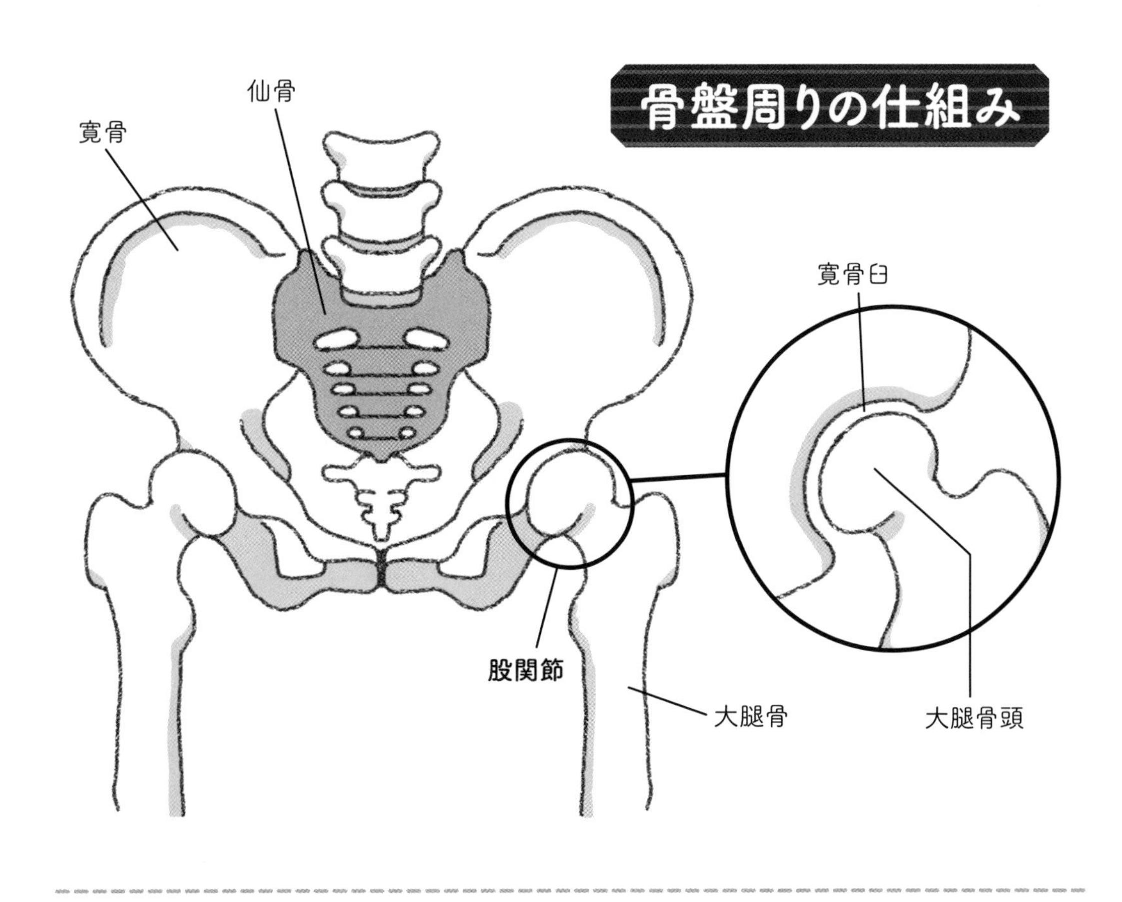

「内転・外転」、足を内股や外股にするときの「内旋・外旋」と、合計六種類もの動きができるのです。

可動域（動かせる範囲）も、ほかの関節とは段違いです。

たとえばひざ関節の一般的な可動域は「130度曲がれば十分」ですが、股関節の動きをすべて足すと、295度にものぼるほどです。

なお「股関節を動かす」とは、正確にいうと「股関節周りの筋肉を動かす」ことです。

関節は、骨と骨のつなぎ目であり、その部位を伸ばしたりねじったりするときに働くのは周りの筋肉です。

この本でお伝えする「寝たまま股関節スローストレッチ」で筋肉をしっかり動かせるようになれば、筋力が強まるとともに、股関節の可動域も広がります。

運動効果を台無しにする「固定化」

身体の自然な動きを取り戻す

前節で股関節を動かすことの重要性をお伝えしましたが、この本で紹介するストレッチは「股関節をとにかく柔らかくすること」が目的ではありません。あくまでバランスのよい立ち方・歩き方のためのものです。

ですから「新体操選手のような柔軟性を必ず手に入れられる」というものではありませんが、中高年の方々にはむしろそのほうがベターだと考えています。急に極端なストレッチをするのは危険ですし、関節が柔らか過ぎると、かえってケガをしやすくなることがあります。

可動域を広げることが「とにかく柔軟にする」ことと同義ではないのと同じく、「筋力をつける」ことも、筋肉量を増大させることと同義ではありません。

実際のところ、筋肉の量を増やすことは、ボディービルダーであってもそう簡単ではありません。まして、久しぶりに運動をする人がハード過ぎるチャレンジをすると、長続きせず、かえって前よりも運動不足になってしまう、といったことにもなりかねません。

大事なのは今の筋力の「維持」であり、**適切な姿勢で立てる筋力、いつまでも歩ける筋力を持ち続けること**です。それには、無理なく続けることが可能で、確実に効果を出せる運動習慣を持つことが近道です。「ロコモティブシンドローム（立つ、歩くなどの機能低下）」の予防にもつながります。

歳を重ねると、筋肉量は自然と低下していくものです。筋肉量とは、筋肉の「重さ」のことをあらわし、20代前半をピークに、その後は徐々に減少していきます。

筋肉量の減少は誰にでも起こりますが、これに拍車をかけてしまうのが、運動不足です。

運動不足によって筋肉が減る、という現象には二つの側面があります。

一つは単純に、動かないせいで起こる衰えです。室内でダラダラしてばかりいるうちに筋肉が減ってしまうパターンが挙げられます。

もう一つは、身体を使わないでいるうちに関節が固まってしまう状態です。この本ではこれを「固定化」と表現します。

固定化が生じると、少々動いても筋肉が十分に働かなくなり、さらに筋肉量が低下しやすくなるのです。固定化した身体で運動するのは、自転車をブレーキを掛けたままで漕ごうとするようなものです。関節が硬いままでは効果は期待できません。

「歩き」にも、同じことがいえます。

良い歩きができているときは、全身にある約４００種の筋肉のうち、実に3分の2近くもの筋肉が使われているといわれています。このように、**歩行は全身運動**なのです。

逆に、良くない歩きをしていると、使うべき筋肉が使われなかったり、一部に過剰な力がかかったりするため、少し歩いただけで疲れやすくなります。無理に歩くと、腰痛やひざ痛を引き起こすこともあります。

「ならば、良い歩きをしなくては」と思っても、ずっと意識し続けるのは困難です。確実なのは、**固定化した関節をストレッチでほぐすこと**です。こうして正しい身体の使い方を取り戻せば、無意識のうちに、バランスよく筋肉を使って歩けるようになるでしょう。

慢性の痛みは「歳のせい」ではない

自分次第で痛みは防げる

加齢とともにつらくなる人が多いのが、関節の痛みです。痛みには、「急性」と「慢性」の二種類があります。急性は捻挫や骨折など、ケガや身体の変調によって突然起こるものです。対して慢性は、長期間続くもので、歩くときにピリッと走るひざ痛や、立っても座っても寝ているときも気になる腰痛などがそれにあたります。中高年期の方々が悩むのは、断然後者が多いでしょう。

慢性の痛みは、医療機関を受診しても、加齢のせいだと説明されることが多いとよく耳にします。そうだとしたら、同じ年齢で痛みを抱えていない人もいるのはなぜでしょうか。

慢性の痛みが起こるのは、**間違った身体の使い方をしてきたこと**が大きな原因の一つです。前節で述べた、偏った筋肉の使い方を長年続けた結果が痛みとして現れているのです。

身体の使い方を正すことで、痛みが軽減された方をこれまで数多く見てきました。「歳だから仕方ない」と思い込んだり、処方された薬や湿布に頼り切ったりするのはもったいない気がします。

病院頼み・薬頼みが「受け身」だとしたら、**身体の使い方を改善するのは「自分の意志」**。自力でできることに取り組もうと思う意志こそが、痛みへの特効薬ともいえます。

なお、運動習慣のある人は、ない人よりもケガの治りが早い傾向があります。自分の身体を

身体の使い方は何歳からでも改善できる！

痛みの原因は間違った身体の使い方を長年してきたこと

改善のためには…

① 股関節の可動域を取り戻す

② ①ができたうえで、まっすぐ立つ・正しく歩く

身体の使い方を改善するのは「自分の意志」！

知っていて、調整できるからです。

しかし、「運動に手付かず」の時期が長い人も、心配には及びません。60代でも70代でも、次の二つの対処をすれば間に合います。

①股関節の可動域を取り戻す

②①ができたうえで、まっすぐ立つ・正しく歩く

これで、腰やひざを正しく使うことができるようになります。股関節周りの筋肉の間違った使い方が原因の腰痛やひざ痛も、グッと軽減できるでしょう。

ちなみに、腰痛の原因は腰自体ではなく、お尻の筋肉が硬いことが大きな原因の一つ。整体でも、腰痛の患者さんには大臀筋（だいでんきん）や中臀筋（ちゅうでんきん）をほぐす対処をするそうです。ひざ痛も、ひざだけの問題ではなく、上下にある股関節と足関節の影響を大きく受けます。股関節の動きを良くすることは、ひざの負担軽減に大きく役立ちます。

寝たまま股関節ストレッチとは？

「10年先も元気な身体」に！

高齢期を迎えた方も迎えていない方も、「疲れない・壊れない・衰えない身体づくり」を今から始めましょう。そのための運動が、次章の**「寝たまま股関節ストレッチ」**です。

「スロー」には二つの意味があります。一つは「ゆっくり」動かすという意味。もう一つは、働きかける筋肉の種類です。

筋肉には、**「速筋（そっきん）」**と**「遅筋（ちきん）」**の二種類があります。速筋は走ったり跳んだりと瞬発力を発揮するときによく使われます。対して遅筋は、姿勢を維持したり、歩いたり立ったり、ただ座っているだけのときにも実は使われている、生きるために必要な筋肉なのです。スローストレッチはこの遅筋にしっかり働きかけて身体を整えます。

人間の関節で「ここまで動けばOK」とされる範囲は、特別に柔軟でなくてもできる範囲です。たとえば前屈なら、指先が床に触れれば十分で、手のひらを床にベッタリつける必要はありません。スローストレッチが目指すのは、この「正常可動域」を取り戻すことです。

長年の身体のクセによって「固定化」（15ページ）が起こると、正常可動域を満たせなくなることがしばしば出てきます。たとえば「ひじをまっすぐ伸ばす」動作は本来、身体の硬い人でも当たり前にできる動作のはずです。しかし高齢になると、伸ばそうとしても少し曲がったままになってしまう人が少なくありません。

「寝たまま股関節スローストレッチ」のポイント

① 「ゆっくり」動かす
② 「遅筋（ちきん）」を活性化させる

➡ 良い姿勢を維持しやすくなる

➡ 股関節の「正常可動域」を回復させる

➡ 「一生歩ける身体」の基盤が整う

股関節周りにも、同じことが起こります。

とくに動きが悪くなるのは、内旋と外旋、つまり**「ねじる動き」**です。スローストレッチではこれらの衰えやすい部分に働きかけて「固定化」をほぐし、可動域を回復させます。

「固定化をほぐす」とは、筋膜（きんまく）と筋肉の縮みをリセットすることともいえます。

筋膜とは、筋肉や内臓を包むネット状の膜です。筋肉や臓器が定位置にあるのは筋膜のおかげですが、悪い姿勢のクセも「形状記憶」してしまうのが難点です。ねこ背で肩が前に出て、胸の筋肉が縮みっぱなしだと、筋膜のネットもそのまま硬く縮んでしまいます。

スローストレッチでゆっくりと筋膜と筋肉に働きかけ、こわばりと縮みを取り除けば、曲げ伸ばしの自由度は格段に変わります。

その後に良い姿勢を形状記憶させれば、一生歩ける身体の基盤ができるでしょう。

COLUMN

きっちりと合った靴さえあれば……？

「きっちり足に合った靴さえあれば、じぶんはどこまでも歩いていけるはずだ」

須賀敦子さんの著書『ユルスナールの靴』（白水社）の、冒頭の一文です。

これはおそらく人生の比喩なのでしょう。心おもむくままに人生という旅を歩みたい、そんな思いをこめた言葉だと思うのですが、筋肉を愛する私は「そうだな、靴は大切だな！」ということばかりが印象に残り、今日に至っています。

それはともかく、自分に合った靴とすんなり出合える人は、実際めったにいないものです。

足の形は長さと幅で決まるものですが、ほとんどのメーカーでは長さだけで靴を選ぶシステムです。幅のバリエーションまでつくっていたら、非常にコストがかかるからです。

とはいえ最近は、足の形状をＡＩ（人工知能）で解析し、適合する商品を提供しているメーカーを教えてくれるサービスもあるそうです。

おそらく靴選びの基準が「オシャレ」だけでは限界がある、と多くの人が気づき始めたのでしょう。見た目も大事ですが、それ以上に「歩きやすさ」は欠かせない要素なのです。

ではこうしたサービスが普及して、自分の足に合った靴と出合えたら万事解決でしょうか？

もう一つ、「良い歩き」という要素が不可欠だと私は思います。

「きっちり足に合った靴と、正しい歩き方を組み合わせることができれば」、人はどこまでも、自由に歩んでいけるに違いないと確信して、私は日々生徒さんの身体と向き合っています。

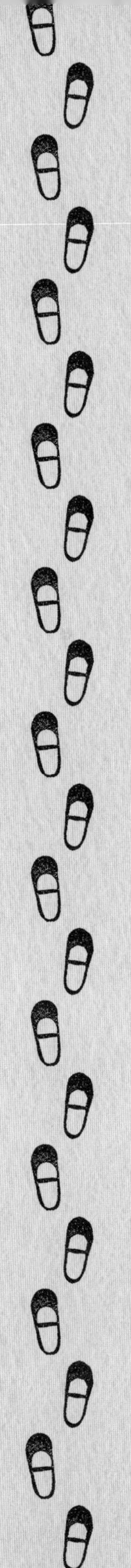

2章

やってみましょう
寝たまま 股関節スローストレッチ

ストレッチを行う前に

※体調のすぐれない日は中止しましょう。

※持病などがある方は必ずかかりつけの医師に相談してから行ってください。

※ストレッチ中に股関節やひざ、腰など、身体に違和感を覚えたときはただちに中止して、かかりつけの医師に相談してください。

※効果には個人差があります。

朝・夜のストレッチを始めよう

朝はスイッチオン、夜はリセット

「寝たまま股関節スローストレッチ」は、朝だけ・夜だけ行う各一種類と、朝夜共通で行う五種類のストレッチです。

いずれにも共通する特徴は三つあります。

一つ目は、寝たままできることです。

運動がおっくうな人でも気軽にできます。

二つ目は、股関節の可動域が広がること。

とくに、日常生活であまり行わないため衰えがちな「ねじり」の動きに効果大です。また、内側にねじる力と外側にねじる力に差があると、内股やガニ股になり見た目がよくないうえ、筋肉や関節に偏った力がかかり、トラブルのモトになってしまいます。ストレッチでバランスを整えて、その元凶を取り除きましょう。

三つ目は、簡単で覚えやすいことです。ハードな運動ではなく、リラックスして行うことができる動作ばかりです。

それでいて股関節という「身体の要」を動かすので、運動効果もばっちりです。

ストレッチは、できれば毎日、朝と夜にそれぞれ六種類ずつ行ってください。

朝（起床時）のストレッチは、身体のこわばりをほぐす効果があります。

就寝中、子どもはよく寝返りを打ちますが、歳を重ねると動きも減り、起床時に身体が固まりやすくなります。そのまま起きて動きだすと、身体を痛める恐れも増してしまいます。

目覚め直後の身体をほぐせば、活動のスイッ

寝たまま股関節スローストレッチ

- 内ももや腰の側面など、衰えやすい筋肉を強化できる
- メドレーのように流れ良く行える
- 「ねじり」機能を高めて、バランスのよい歩き方に

☀ 朝のストレッチ効果

- 睡眠中に固まった身体をほぐす
- 起き出す前のウォームアップでケガを防ぐ
- 腰骨に手を当てて動きを確認すれば、体調のバロメーターにも

☾ 夜のストレッチ効果

- 1日の疲れをリセットしてリラックス
- 重力で縮んだ足の付け根をしっかり伸ばせる
- 姿勢のゆがみを調整できる

チが入り、その後の活動もスムーズになるのを感じられるでしょう。

夜（就寝時）のストレッチは、1日の疲れをリセットするのが目的です。

日常動作で立ったり座ったりしている間に下半身には重力がかかり、知らず知らずのうちに足の付け根が縮んでいます。これを放置すると腰が丸くなり、痛みにつながる可能性もあります。就寝時に、股関節をほぐして不安要素を除去していきましょう。

なお、時間に余裕がある日や「もっと身体を動かしたい」と感じる日のために、強度のやや高いストレッチも紹介します（40～51ページ）。全身運動によって筋肉がさらに活性化し、呼吸を深くする効果もありますので、「寝たまま股関節スローストレッチ」に慣れた方はぜひ取り組んでみてください。

ストレッチをするときのポイント

●朝と夜に六種類ずつ行おう

朝（起床時）は「朝のスイッチオン・ストレッチ」（26ページ）、夜（就寝時）は「夜のリセット・ストレッチ」（28ページ）をそれぞれ行ってから、「寝たまま股関節スローストレッチ」①〜⑤（30〜39ページ）を行ってください。

●「本を見ないでできる」を目指そう

動きはいずれも簡単で、すぐに覚えられます。加えて、早く覚えたほうが「お得」です。本を開く手間がなくなれば、「面倒」というハードルが下がるからです。最初の1〜2週間は本を見ながら、3週目ごろからは見ないでできれば理想的です。

●布団を掛けて行ってもＯＫ

服装は、いつも寝床に入るときに着るものと同じでかまいません。掛け布団は外して行うのが基本ですが、掛けたままでも行えます。

●自分の身体のバランスをチェック

左右それぞれを伸ばすストレッチは、左右どちらから行ってもかまいません。慣れてくると、「こちらの足が開きにくい」など、左右差に気づくはずです。開きが悪いほうは伸ばす秒数を長めにするなど、意識的にバランスを整えましょう。

●余裕ができたらステップアップ

記載した回数や秒数にとらわれず、余裕が出てきたら多くしてもOKです。筋肉や関節への刺激が増え、よりスムーズに動く身体へと近づきます。

⚠注意事項

◉朝は身体が目覚めていないので、全力では行わないこと。ややゆっくりめに身体を動かすのがコツです。

◉呼吸のリズムはとくに意識せず、いつもと同じ調子で。ただし吐くときは口から「フゥ～」がおすすめ。「ハァ～」と吐くよりも筋肉をしっかりと伸ばしやすくなります。

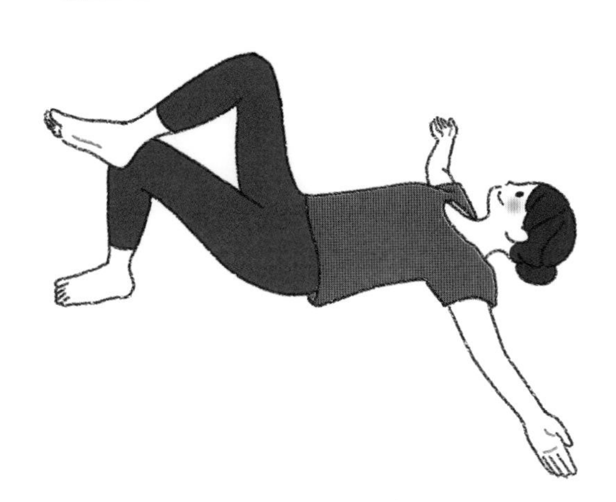

足グルグル

手を腰骨（こしぼね）に当てたまま足首をグルグル。慣れてくると、手を通して感じる筋肉の動きで身体の調子もわかるようになってきます。

- 朝一番に身体のスイッチを入れたい
- 身体の動き具合を確認したい

仰向けに寝て、足は肩幅に開き、両手を腰骨に当てる

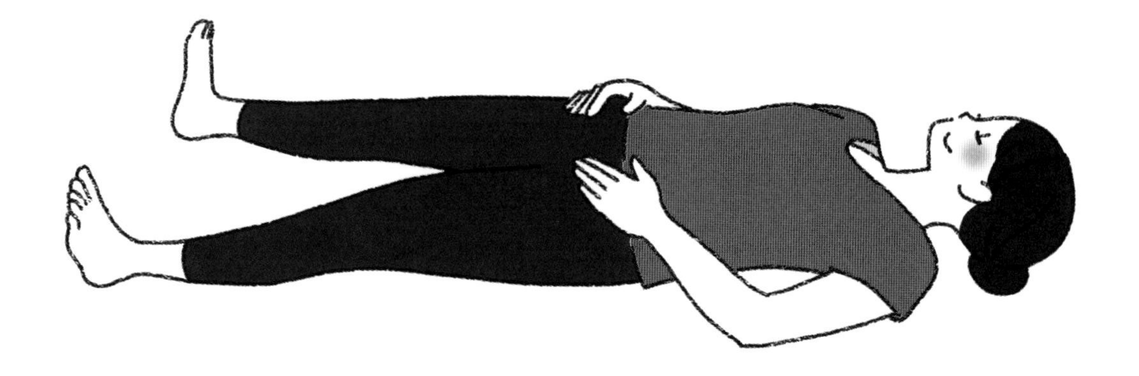

2 足首をグルグルと外側に回す

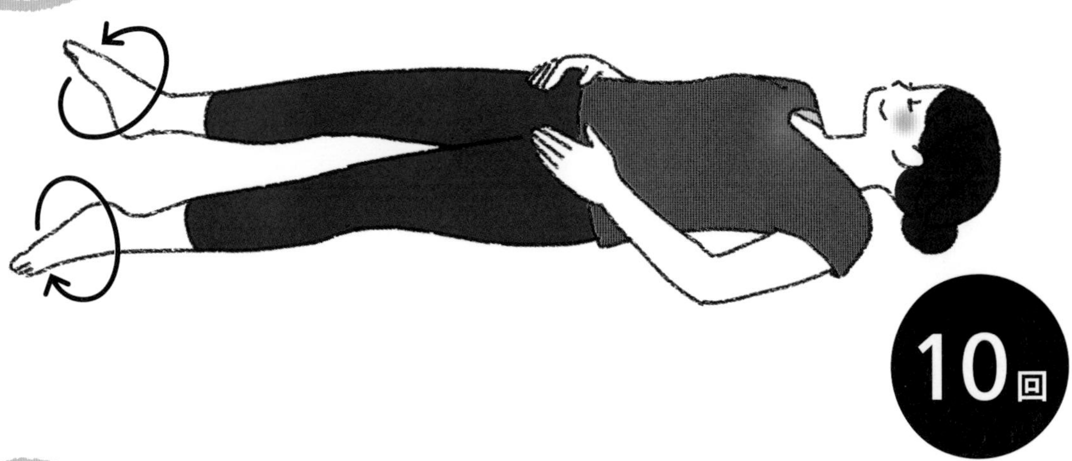

3 同様に足首をグルグルと内側に回す

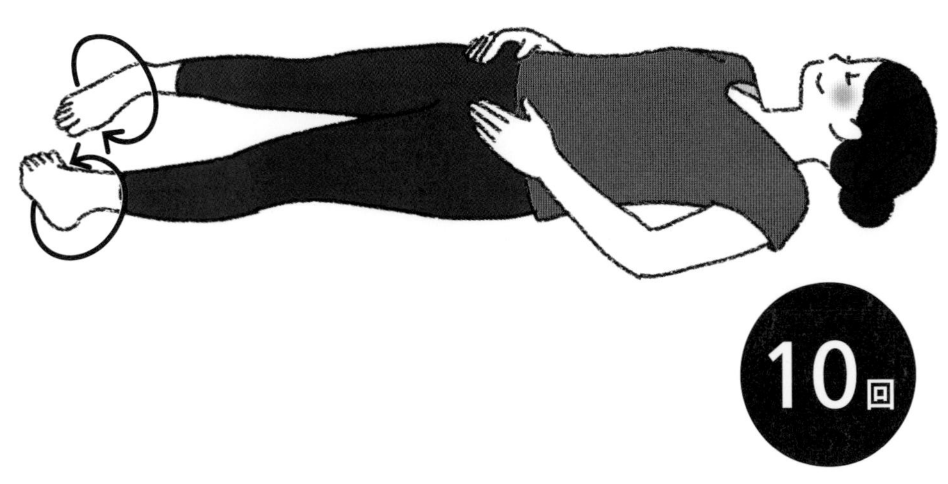

はじめの数回は小さく回し、徐々に大きな円を描くように回しましょう。身体がよく動いているときは、足首だけでなく骨盤から動く感覚がわかるはずです。

夜のリセット・ストレッチ

足ブラブラ

下半身に溜(た)まった１日の疲れを、足をブラ下げてリセットするストレッチです。足だけでなく、お腹や腰周りも気持ちよくほぐれます。

- １日中立ちっぱなしで疲れている
- 足がむくんでいる

ベッドなど高さのある台に仰向けに寝て、片足を下に垂らす

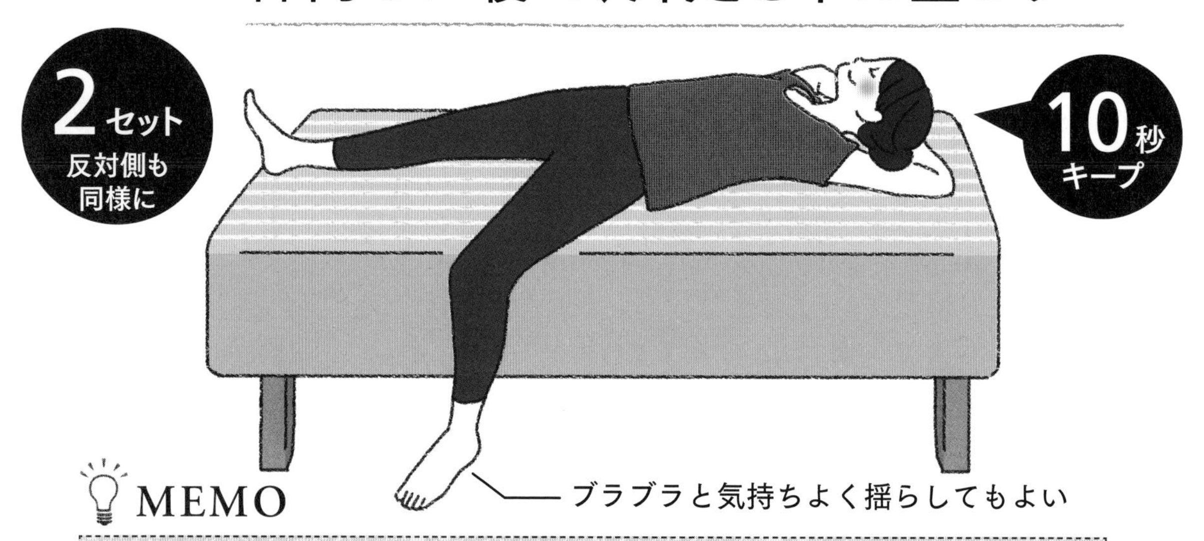

MEMO

垂らす部分をひざ下だけにすると「ラクバージョン」。ももの半分から下を垂らせば、強度が上がります。腕はバンザイでも、頭の下で軽く組んでもＯＫです。

布団で寝ている人は…

布団に入る前に、ソファなど、高さのある台に寝ても行えます。難しい場合は、布団の上で次のストレッチに取り組んで下半身をほぐしてください。

仰向けに寝て、枕または クッションをお尻の下に敷く

2 片ひざを抱え、抱えていない 足のかかとを遠くに 突き出すように足首を曲げる

ひざ開き

縮みやすい「内もも」の筋肉をゆるめるストレッチです。ひざが開きづらいと感じたら、２セット繰り返したり、キープ時間を長めにしたりしましょう。

- 内ももが硬い
- 立っているときに内股になりやすい

1 仰向けに寝て、両足をそろえてひざを90度に曲げる

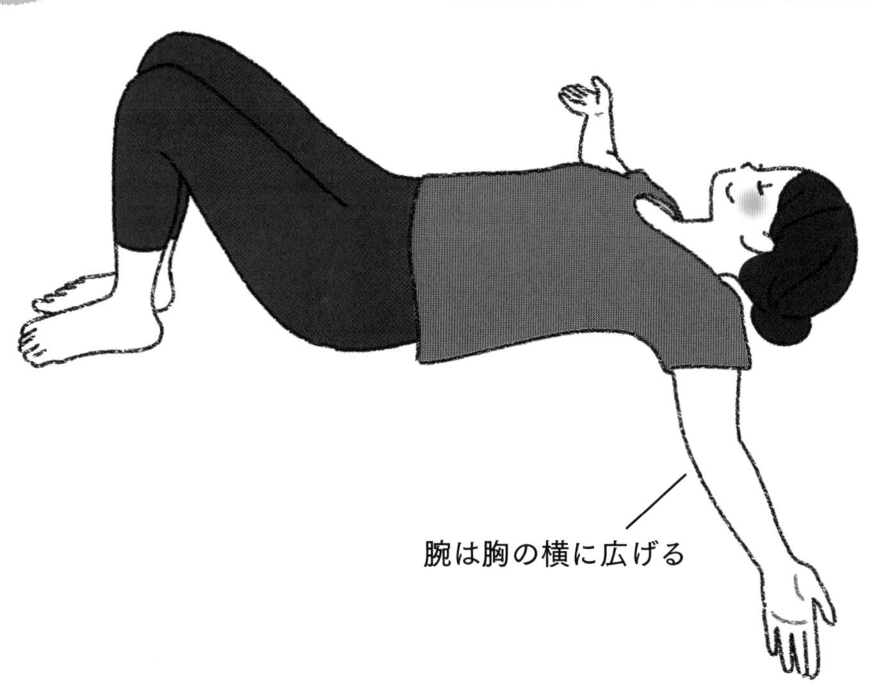

2 両ひざを外に開いて足裏を合わせ、そのまま重さに任せてひざを床に近づける

ひざを無理に開こうとすると、腰やお尻が緊張して痛くなりやすいので注意しましょう。もの足りなければ、ひざを上下に小さく10〜20回揺らして内ももの緊張をゆるめてください。

両ひざ倒し

「ひざ開き」（30ページ）と連続して行う動きです。内ももに加えて股関節の前や横、お尻など、腰全体に効かせるストレッチです。

- お尻が硬く、腰が丸まりがち
- 腰に痛みを感じるときがある

1 仰向けに寝て、ひざを90度に曲げ、両足を大きく開く

2 両ひざを右側に倒す

3 同様に両ひざを左側に倒す

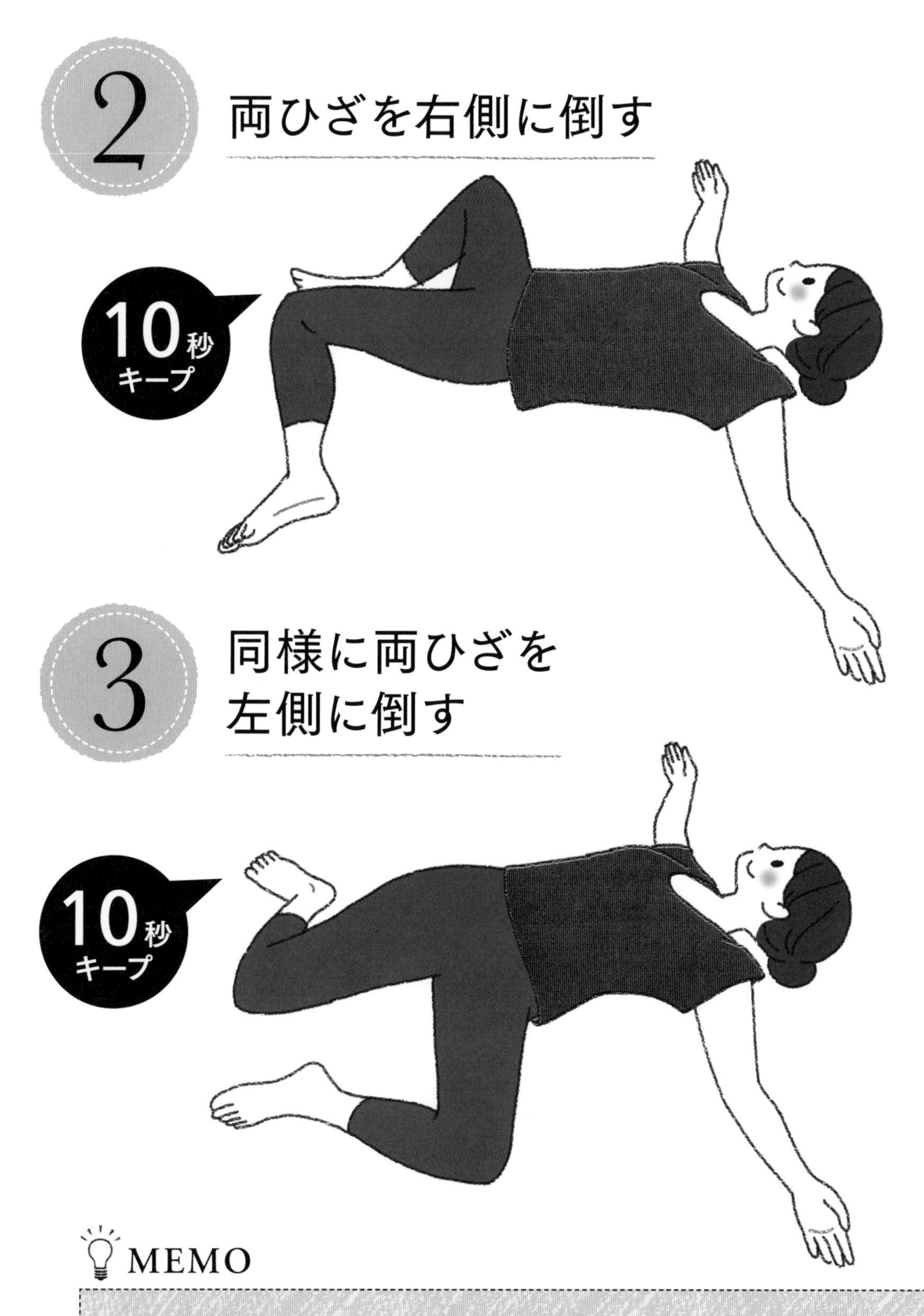

MEMO

足を開く幅は肩幅の２倍くらいが目安です。足を倒したとき、ひざが反対側のかかとに当たらないくらい、大きく開きましょう。

片ひざ倒し

「両ひざ倒し」（32ページ）の片足バージョンです。「両ひざ倒し」が腰周り全体をほぐすのに対し、こちらは股関節とお尻にピンポイントに効きます。

- お尻が硬く、腰が丸まりがち
- ガニ股になりやすい

1 仰向けに寝て、ひざを90度に曲げ、両足を大きく開く

2 片方のひざを内側に倒す

3 倒したひざを元に戻してから、もう片方のひざを内側に倒す

MEMO

ひざを内側に倒しにくい人、ガニ股が気になっている人は2セット行うのがおすすめです。倒したひざを床につける必要はありません。なお、ひざの内側や股関節内側に違和感があれば、無理に行わないようにしてください。

かかと乗せ倒し

片方の足の力を借りて、もう片側の股関節周りを伸ばすストレッチです。足の付け根や脇腹が伸びるのを実感しましょう。

- お尻が硬く、腰が丸まりがち
- ガニ股になりやすい

仰向けに寝て、両足をそろえてひざを90度に曲げ、右足のかかとを、左足のひざの外側に当てる

2 そのまま両ひざを右側に倒す

3 倒したひざを元に戻してから、左足のかかとを、右足のひざの外側に当てる。同様に左側に倒す

MEMO

倒したひざを床に無理につけようとせず、上に乗せた足の重さに任せるのがコツです。足の付け根の筋肉が伸びているのも意識しましょう。

足バイバイ

「バイバイ」と手を振る要領で、両足を振る動きです。自身のつま先の開き方や左右差を毎回チェックしながら行いましょう。

- 内股もしくは外股になりがち
- 仰向けに寝て足を伸ばしたとき、左右の足の開き方がアンバランス

仰向けに寝て、足を肩幅に開き、両手を腰骨に当ててつま先の方向を確認する

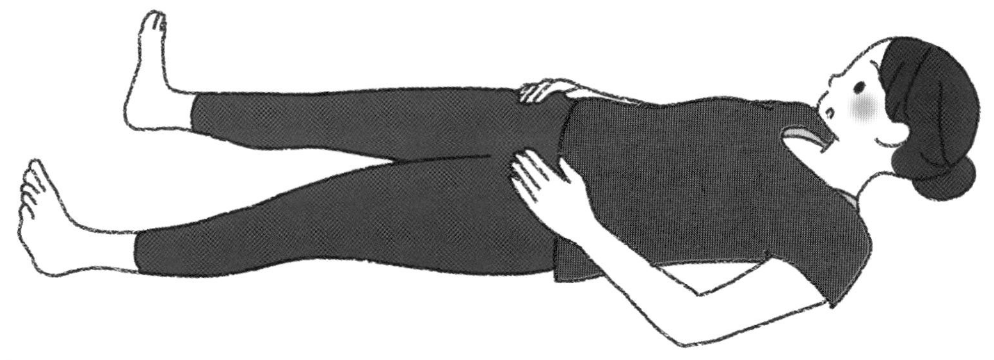

つま先は「やや外向き」が理想の状態。左右の開き方の違いも確認しておきましょう。

2 両方のつま先を内側に倒す

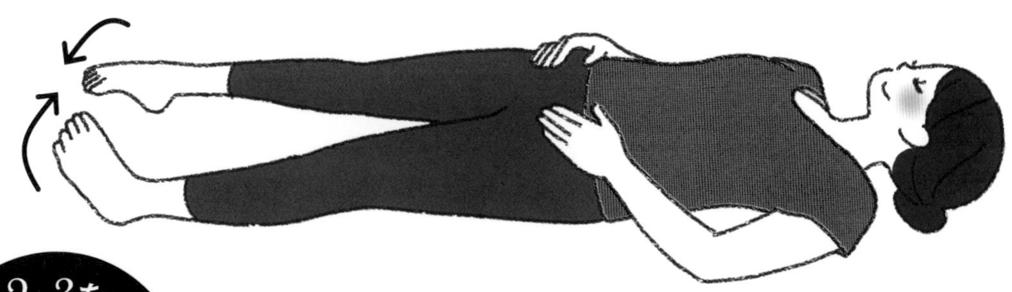

2、3をリズミカルに20回繰り返す

3 両手を腰骨に当てたまま、両方のつま先を外側に倒す

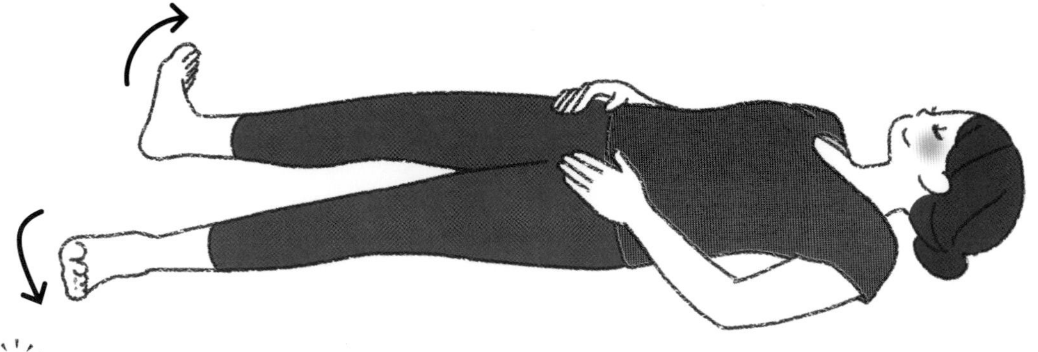

内股気味の人は意識的に外側に振り、外股の人は内側に振りましょう。内外で合わせて90度動かすのがコツです。「右だけ外股になりやすい」など自身の左右差も意識して、振り方を調整できるとなおよいですね。

もう少しがんばれるときのストレッチ

特徴と取り組み方

ここまで紹介してきたストレッチ、実践していただくと「これなら簡単！」と実感できたのではないでしょうか。

朝と夜、それぞれの六種類の動きに連続性があることも感じられるでしょう。この一連の動きを続けるだけで、股関節の動きがよくなり、「元気に歩ける身体」が十分に整います。

とはいえ、慣れてくれば「もう少しハードな動きにも挑戦してみたい」と感じるはずです。その場合、まずはストレッチのキープ時間を長くする、回数を増やすなど、じょうずにアレンジしましょう。

それでもなおもの足りないと感じたら、ここから紹介する「もう少しがんばれるときのストレッチ」にチャレンジしてみてください。

このストレッチは五種類あります。

「寝たまま股関節スローストレッチ」よりも、筋肉を「伸ばす」だけでなく、「強める」要素が強くなっています。足を上げたり回したりするほか、手や腕を動かして上半身の筋肉の活性化も図ります。

「もう少しがんばれるときのストレッチ」も「寝たまま股関節スローストレッチ」と同じく、寝た状態のまま取り組めます。

とはいえ足を上げるような動作が多くなるので、掛け布団は取り外したほうがスムーズでしょう。

自分の身体を自分で確認する

スポーツ経験のある方や、筋肉の衰えが気になっていない方なら、初日から一気に「もう少しがんばれるときのストレッチ」まで進むのもよいかと思います。対して、運動不足が気になる方や、筋肉のこわばりを感じている方は、「寝たまま股関節スローストレッチ」に慣れてから、徐々にトライしてみましょう。

本書のストレッチは、運動することだけでなく**「自分の身体を知る」**ことも重要な目的としています。

単に「もっと柔らかく、もっと筋力を」と突き進むのではなく、「この部分が開きにくい」「左右差がある」と日々確認し、調整することが大切です。じっくりスローに動かして、身体をチェックすることを忘れないようにしましょう。

● 「まだまだできる」かつ「時間に余裕がある」ときに行いましょう。

● 「寝たまま股関節スローストレッチ」が「余裕！」なら、初日からトライしてもOKです。不安のある人は、「寝たまま股関節スローストレッチ」に慣れてからトライしましょう。

● 静止時間は基本的に「10秒」としていますが、20秒、30秒と延ばしてもかまいません。

● 左右差を意識しながら行いましょう。片方だけ動きが悪い、という場合は秒数や回数を増やして念入りにほぐしてください。

もう少しがんばれるときのストレッチ❶

内倒し

お尻や太ももの外側を伸ばすストレッチです。腰やお尻だけでなく、縮みがちな胸の筋肉も存分に伸ばすことができます。

- ねこ背気味の人
- お尻やももの外側が張る人

仰向けに寝て、両足をそろえて ひざを90度に曲げる

右ひざを上げて、上げたひざの外側に左手を添える

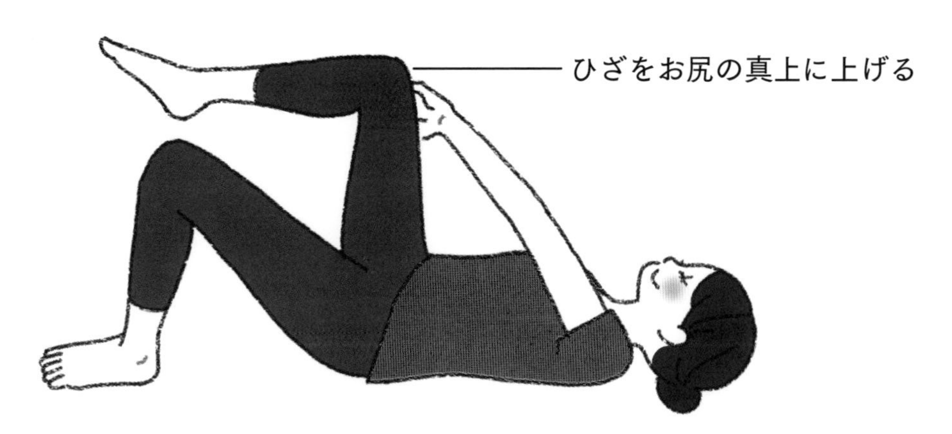

3 添えた手でひざを押さえて床に近づける

MEMO

下半身を倒したときも、顔と胸はできるだけ倒さずに仰向けの状態をキープすることがポイントです。お尻や腰に張りを感じるときは、念入りに2セット行いましょう。

もう少しがんばれるときのストレッチ❷

腕回し

腕をグルグル回して胸や肩周りの筋肉をほぐすストレッチです。大きな円周を描いて回しましょう。42ページ「内倒し」の最後のポーズから続けて行うことをおすすめします。

- 呼吸が浅くなりがち
- 肩凝りがつらい

1 仰向けに寝て、両ひざを90度に曲げ、右ひざを上げる

上げたひざの外側に左手を添え、手でひざを押さえて床に近づける

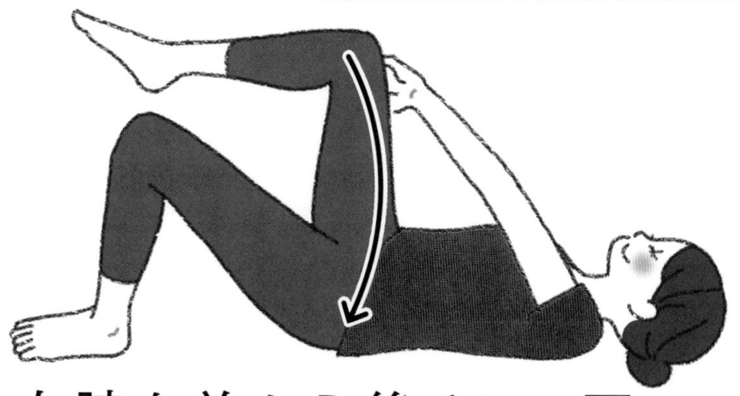

3 右腕を前から後ろに5回グルグルと回す。反対に後ろから前も5回、同様に回す

肩が痛む人は…

つらいときは、ひじを少し曲げて痛みのない範囲で回してください。

肩や首の力を抜いて回すのがコツです。最初は力が入りがちですが、慣れると肋骨（ろっこつ）の間にある「肋間筋（ろっかんきん）」の動きがよくなり、呼吸も深くなります。

もう少しがんばれるときのストレッチ❸

お尻伸ばし

座っている時間が長いと、お尻とももの裏側の筋肉が縮んでしまいます。ちょっぴりハードなこの運動で、衰えを防止しましょう。

- 毎日、長時間座っていることが多い
- 立っているときに腰が丸まりやすい

1 仰向けに寝て両ひざを90度に曲げ、左足を右足の上に乗せて組む

両手で右足の ももの裏側を抱える

片足のかかとを反対のひざに乗せて抱えると、よりしっかりと伸ばせます。

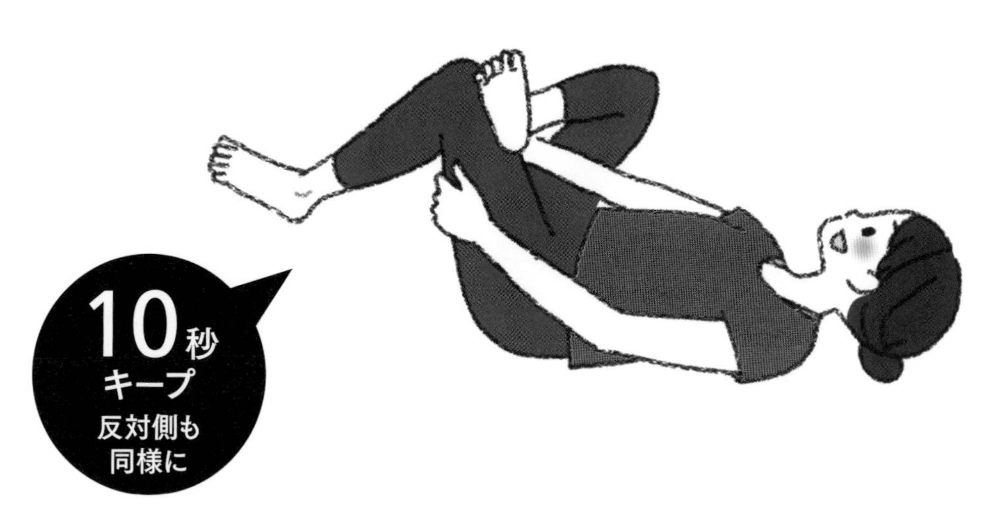

ポーズをキープするのがつらいと感じたら、太ももの裏や外側、お尻などが縮んでいる証拠です。頭を枕に乗せて高くして行うと、やりやすくなります。

もう少しがんばれるときのストレッチ❹

股関節回し

股関節全体の可動性を高める運動です。ゆっくり行うことで筋力アップ効果もあり、とくに内ももやお尻に効くほか、下腹の筋肉にも働きます。

- 股関節のなめらかさをキープしたい
- 足のむくみをスッキリさせたい

1 仰向けに寝て両足を伸ばし、腕は胸の横に広げる

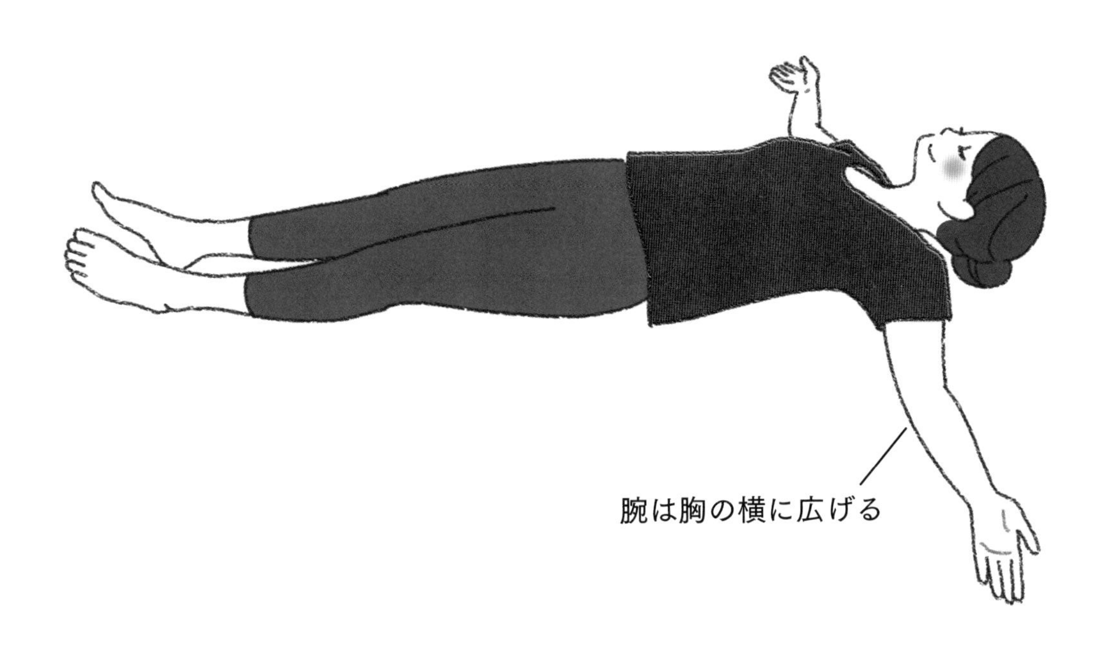

片ひざを上げて、内回りに大きくグルグルと回す

5回

3 同様に、外回りに大きくグルグルと回す

5回

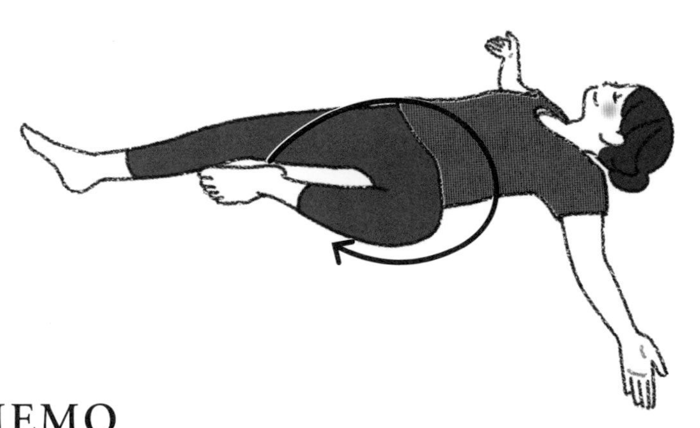

1セット
反対側も同様に

MEMO

ひざが内側、外側をしっかりと通過するように、大きく回しましょう。回すとき、ひざ下は力が抜けている状態を目指してください。伸ばしている足のほうのお尻を、床から浮かさないようにするとさらに上級者向けに。

骨盤グイグイ

シンプルな運動ですが、交互にかかとを突き出すだけで骨盤周りがしっかり動きます。見えない壁を押すようなイメージで行いましょう。

- ふくらはぎが疲れている
- 骨盤の動きをスムーズにしたい

仰向けに寝て両足を伸ばし、手を腰骨に当てて、つま先をグイッと立てて足首を曲げる

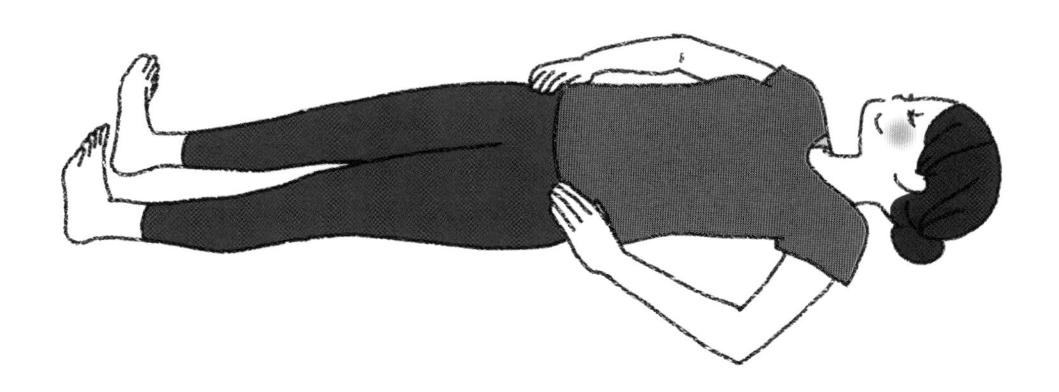

かかとを片方ずつ、歩く程度の速さで、グイ、グイ、と突き出す。できるだけ遠くに突き出す感覚で

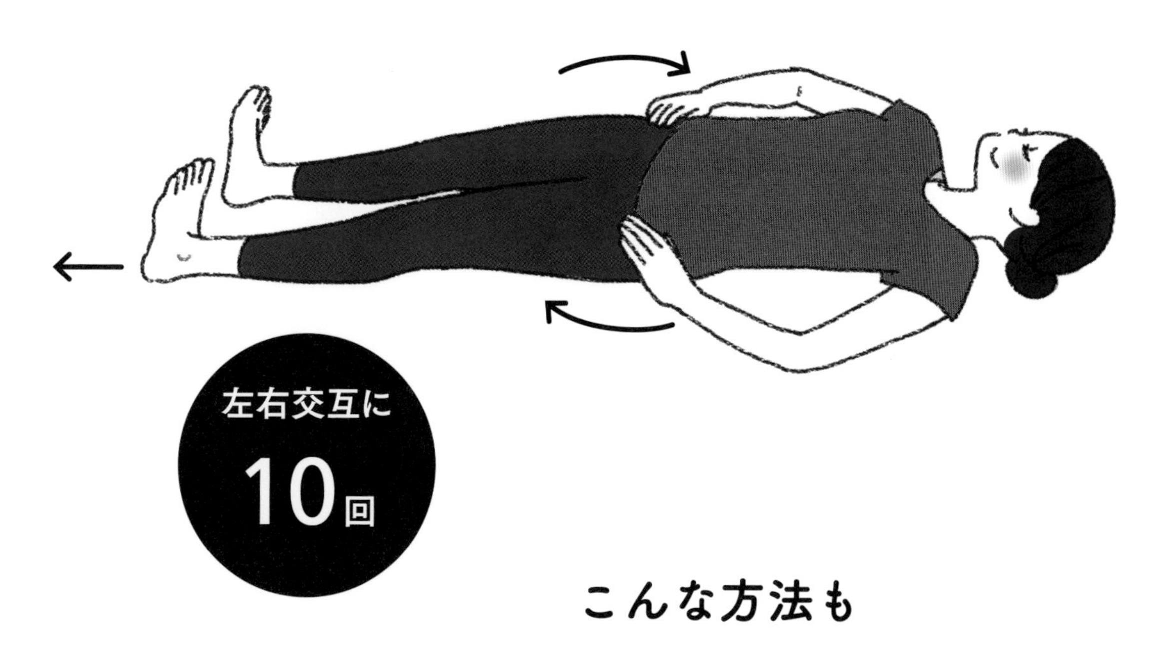

こんな方法も

骨盤の動かし方のコツがつかめたら、両腕を上に伸ばして行ってもOK。全身が大きく伸びます。

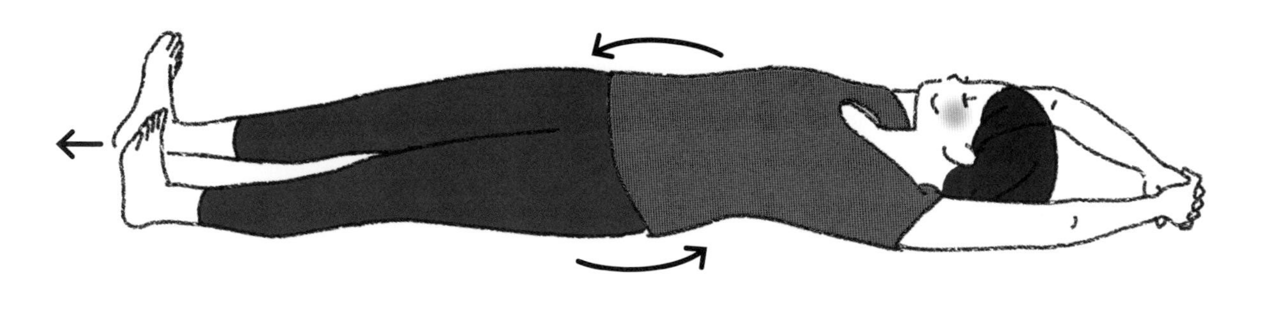

MEMO

手を腰骨に当てると、骨盤の動きが感じ取れます。ふくらはぎの疲れ解消にもよく効きます。

COLUMN

足音は個性を表す?!

人の身体に関わる仕事をしていると、「足音の個性」がよくわかります。
足音だけで誰が近くに来たかわかるほどで、「足音はその人を表す」といってもよいくらい、体格や身体の使い方を反映するのです。

背中を丸めて歩く人の足音は「ズルズル」。
身体全体を使わず、足だけ振り出すように歩く人は「ペタペタ」。
身体の重心が後ろに傾いていると「ドスンドスン」。

同じ人でも、体調や気分によって足音は変わります。
私のスタジオは階段が鉄製なので、足音がよく響きます。生徒さんの足音は、その日のコンディションのバロメーターになっています。

「バタンバタン」なら、「不要な力が入っているな、調子が悪いのかな？」。
「カランカラン」なら、「足取りが軽やかだな、ご機嫌だな」。

いざレッスンが始まって会話を交わすと、「やっぱり」と思うことが多々あります。ご本人には「足音でわかりましたよ」とはいいませんが、体調に合わせたレッスンをしよう、と心がけています。

さて、今日のあなたは、どんな足音で歩いていますか？

郵便はがき

料金受取人払郵便

京都中央局
承認
6647

差出有効期間
2026年2月14日
まで

（切手は不要です）

601-8790

205

京都市南区西九条
北ノ内町十一

PHP研究所
暮らしデザイン普及部
お客様アンケート係 行

1060

ご住所 □□□-□□□□	
TEL：	
お名前	ご年齢 歳
メールアドレス	@

今後、PHPから各種ご案内やアンケートのお願いをお送りしてもよろしいでしょうか？ □NO
チェック無しの方はご了解頂いたと判断させて頂きます。あしからずご了承ください。

<個人情報の取り扱いについて>
ご記入頂いたアンケートは、商品の企画や各種ご案内に利用し、その目的以外の利用はいたしません。なお、頂いたご意見はパンフレット等に無記名にて掲載させて頂く場合もあります。この件のお問い合わせにつきましては下記までご連絡ください。（PHP研究所 暮らしデザイン普及部 TEL.075-681-8554 FAX.050-3606-4468）

PHPアンケートカード

PHP の商品をお求めいただきありがとうございます。
あなたの感想をぜひお聞かせください。

お買い上げいただいた本の題名は何ですか。

どこで購入されましたか。

ご購入された理由を教えてください。（複数回答可）

1 テーマ·内容 2 題名 3 作者 4 おすすめされた 5 表紙のデザイン
6 その他（ ）

ご購入いただいていかがでしたか。

1 とてもよかった 2 よかった 3 ふつう 4 よくなかった 5 残念だった

ご感想などをご自由にお書きください。

あなたが今、欲しいと思う本のテーマや題名を教えてください。

3章

良い歩きのための
4つのレッスン

なぜ歩くのか

究極の目的は「生きるため」

前章のストレッチを通して、一生歩くための基盤となる「身体づくり」ができたら、次は「良い歩き方をする」ためのノウハウを手に入れる段階です。

ここでは改めて、「歩く」という行為の意味を考えてみましょう。

歩行とは、「立った状態で重心を前方に移動させること」。身体の動きとしては、足を交互に出しながら、身体の重心（骨盤にある「仙骨」の少し前）を目的地に近づける行為です。

というと大仰ですが、皆さんが日ごろから自然に行っている、もっとも身近な移動手段です。

では人は何のために移動するのでしょうか。

ずっとさかのぼると「食べ物を探すため」であり、生き物として、不可欠な行為です。

究極的に考えると、歩行の目的は「生きるため」といえそうです。

また、歩行は「楽しいこと」でもあります。

散歩やウォーキングをすると気分がリフレッシュしますね。風景に季節を感じたり、街の変化を感じたりするのも楽しいものです。

さらにいうと、歩けば「発見」があります。人との出会いもあります。それらを次に生かして「進歩」することもできます。辞典によると「歩」は左右の足跡を前後に連ねた様子を示す象形文字なのだそうです。よりよい場所に歩いて進む「歩行」を、存分に楽しみましょう。

歩きに必要な条件

「重力に負けない筋力」があればいい

人間は、直立二足歩行する唯一の動物です。そのため歩行は特殊な動きともいえるでしょう。

しかし、それを成り立たせる条件は実にシンプルです。「重力に負けないこと」「足踏みができること」「バランス能力があること」の三つを満たしていれば、歩くことができます。

この本で目指す「良い歩き方」に合わせて言い換えると、次のようになります。

①まっすぐ立てること
②片足で立てること
③リズム感があること

「まっすぐ立てる」とは、重力に負けずに良い姿勢を維持できることです。ポイントとなるのは、お尻や太もも、ふくらはぎなどにある**「抗重力筋」**。いずれも、1章で登場した「遅筋」です。これらの筋肉が重力に負けずに働いてくれると、ねこ背や丸い腰にならず、まっすぐな姿勢を保てます。

歩行中は常にどちらかの足が浮いているので、片足で身体を支える力や、バランス感覚が必須です。また、足を交互に踏み出すためのリズム感も必要になります。

つまり、良い歩きをするのに必要なのは、**姿勢や筋肉の使い方などの「質」**であり、重いものを持ち上げるような筋力は要りません。前章のストレッチで股関節周りをほぐしたら、本章のレッスンを通して、さらに良い歩き方を身につけましょう。

理想の歩き方

「疲れずにいつまでも歩ける」のがベスト

「良い歩き」に、皆さんはどんなイメージを抱いていますか？　大股に足を踏み出してキビキビと歩く感じでしょうか。

実は「大股歩き」は近年、「良い歩き」にはあてはまらないといわれています。大股歩きはカロリーを消費する点ではよいのですが、筋肉への負担が大きく疲れを招きます。

重心のかかり方にも問題があります。足を大きく前に出そうとすると、腰が下がり、ひざも曲がり、関節への負担が大きくなるのです。

「良い歩き」は、疲れずにいつまでも歩けるのが理想といえます。

そのための重心のかけ方として、前に出た足の上にまっすぐ身体が立っている状態を思い浮かべてみてください。「気をつけ」の体勢から、片足を1歩後ろに下げた状態がずっと続くイメージです。この歩き方ならエネルギーを浪費せず、関節を傷める心配もありません。

歩きは、本来疲れてはいけないもの。全身の筋肉の約3分の2をまんべんなく使って、うまく力を分散させるのが理想です。

とはいえ、3分の2の筋肉を使おう、前足の上に直立しよう、と意識してもその通りにするのは困難です。

良い歩きは、無意識に「そうなる」ものなのです。きちんと伸縮する筋肉と、良い姿勢があれば、結果的に良い歩きができます。

「きちんと伸縮する筋肉」は、前章のストレッ

○ 理想の歩き

理想の歩きは前足の真上にまっすぐ身体が立っている状態が続くイメージ

△ 大股歩き

大股歩きは理想と思われがちだが疲れやすい

チで整えられます。

そして次ページからは、理想の歩きに必要な4つのレッスンを紹介します。どの動作もラクにできます。

意識せずとも歩きが良くなる簡単エクササイズ、ぜひトライしてください！

レッスン1 腰の「自然なカーブ」を保つ

「まっすぐ立つ」レッスン

腰が丸いと、ひざが曲がり、前に進む力にもブレーキがかかります。
次ページの2つの運動で、腰が本来持つ「自然な反り」を取り戻しましょう。

「まっすぐ立つ」とは、「背骨をまっすぐにする」ことではありません。
背骨はもともとS字形に湾曲していて、バネの効果で地面の衝撃を和らげています。腰の部分では前にカーブしているので、腰もわずかに反っているのが良い状態です。壁にもたれたとき、手のひら一枚分の隙間が空いていたら「まっすぐ立てている」といえます。

この少しの隙間（反り）がないと、ひざの曲がりを招き、歩幅が狭くなります。お尻の筋肉が使えないので疲れやすくもなるでしょう。
逆に、「反り過ぎ」も、腰痛などトラブルのモトになります。

レッスン1

枕でのびのび

幅30～50センチ、高さ15センチ程度の枕やクッションなどを腰に敷いて仰向けに寝る。
腕を上に伸ばして1～3分キープする。腰が丸まりがちな人はお腹の伸びを感じるはず。ねこ背気味の人は、背中の上のほうに枕を敷いて行うのもおすすめ。

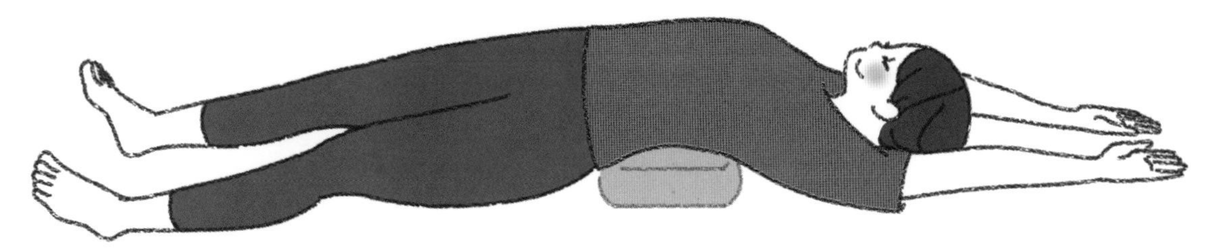

MEMO

適度な高さの枕がなければ、大判のタオルをクルクルと巻いて代用できます。

腰肉つまみ歩き

両手の指で腰の肉をつまみ、その状態でその場で30回ほど足踏みをする。だんだんつまめなくなる場合は、腰が丸まって前屈(かが)みになっている証拠。歩きながら確認するのもおすすめ。

レッスン2 「後ろ足が伸びる」から前に進む

「身体を前に出す」レッスン

「まっすぐ立てる」ようになったら、身体を前に出すレッスンをしましょう。
ポイントは前足ではなく、「後ろ足」にあります。

前に進もうとすると前足ばかりに意識が向きがちですが、後ろ足が伸びることで身体は前に押し出されるのです。
ならば後ろ足のつま先で「蹴る」のがいいのか……と思いきや、ふくらはぎを使い過ぎて疲労する恐れがあります。
股関節から動かして力を地面に伝えるのが理想です。
それには、股関節前面にある「腸腰筋（ちょうようきん）」の伸縮性をアップさせることが必要です。この伸びが悪いと腰を反らしてごまかしたり、ふくらはぎの力だけで前に出ようとしたりしてしまうので、足が太くなりやすく、お尻やもも裏も弱まります。
後ろ足の腸腰筋がグッと伸びることで身体が前に押し出され、その反動でパッと縮んで後ろ足が自然に前に出ます。

レッスン2

腸腰筋伸ばし

幅30 ～ 50センチ、高さ15センチ程度の枕を、お尻の下に敷く。
片ひざを抱えて、もう片方の足のひざ裏を伸ばして足首を曲げ、20 ～ 30秒キープする。反対側も同様に。

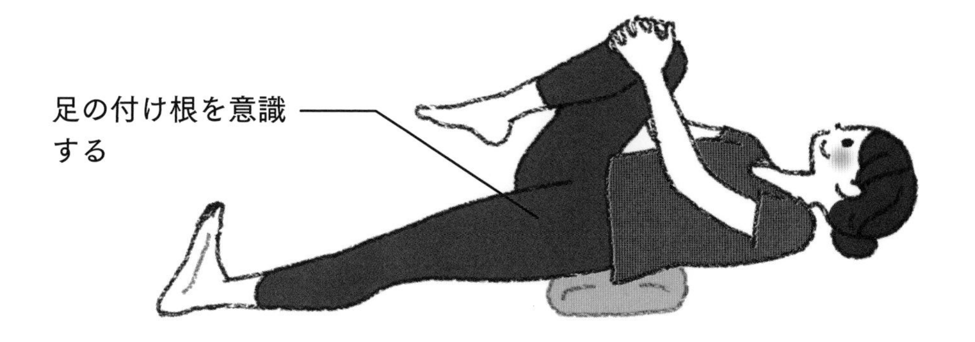

あしながストレッチ

壁に手を当てて足を前後に大きく開く。お尻を締めながら腰を落とし、骨盤全体を前に押し出して20～30秒キープする。反対側も同様に。

歩いている間に意識的に伸ばすのではなく、このレッスンをこまめに行って「自然に伸びる」ようにするのが理想です。伸縮性が上がれば、身体もスイスイと進みます。

レッスン3 歩きは「片足立ち」の連続

「前に出した足の上にまっすぐ立つ」レッスン

踏み出した前足の真上に立つ瞬間、人は片足で立っています。つまり歩行は、片足立ちの連続です。足裏の感覚と、バランスを取る「中臀筋（ちゅうでんきん）」を鍛えましょう。

中臀筋は、お尻上部の両サイドについている筋肉です。身体のバランスを保つ役割を果たします。中臀筋がうまく使えていない人は、片足になったときの姿勢が崩れます。横に揺れながら歩く、ひざが曲がって歩くのも中臀筋が働いていない証拠です。

地面との唯一の接点である足裏には「メカノレセプター」というセンサーがあります。小さなゴミ一つを踏んだだけでもわかるのは、その働きのおかげです。歳とともに衰えるセンサーを、足裏ほぐしでメンテナンスしておきましょう。片足立ちの安定性もグッと高まります。

レッスン3

足裏ほぐし

右足の指の間に左手の指を入れて握手。足指がうまく開かない場合は浅く入れ、毎日徐々に慣らす。右手で足首を持ち、左手で足をグルグルと10回回す。反対回しも行う。反対側も同様に。

前足バランス

両足で立った状態から片足を後ろに下げ、つま先を軽くつく。前足のひざが伸びて、足首、大転子（だいてんし）（大腿骨の外側）、耳が一直線上になるように前足（軸足）の上にまっすぐに立った状態で30秒キープする。反対側も同様に。慣れてきたら、後ろ足のつま先を床から浮かせる。

ふらつく場合は、壁に片手をついて行ってください。前足の足裏の重心は、内くるぶし少し前あたりの真下がベストです。重心がかかとや足裏の外側にならないよう気をつけましょう。

レッスン4 歩きのリズム

「自然と身体が前に出る」レッスン

子どもの頃にはできていたことを、大人になると忘れてしまうことがあります。歩くときに身体が前に出る感覚も、その一つです。子どもの頃は身体全体で自然と前へ出て歩いていたのに、大人になって力がつき、忙しい日々を送っていると、気持ちが先走って足と頭だけが前に出て、腰は後ろに残っているような歩きになりがちです。それでは進まないから、さらに力を入れてガツガツと歩こうとする……これでは効率が悪く、悪循環になってしまいます。

そうはいっても、長年しみこんだ歩きのリズムを直すのは難しいものです。左ページの、その場でゆりかごのように重心を移す動きで、自然と身体が前に出る感覚を少しずつ取り戻していきましょう。

もしパートナーがいる場合は、腰の、おへそから10センチほど下の位置に手を当てて前に押してもらいながら歩くと、「自然と身体が前に出る」感覚がよりつかめます。

この感覚がつかめたときには、「歩くのはこんなにもラクだったのか！」と驚くはずです。

レッスン4

ゆりかご歩き

左足を前方に浮かせ、かかとから着地して、足裏全体で左足の上にまっすぐ立つ。その状態で1秒静止したら、重心を右足に戻してまた左足を浮かせる。リズミカルに5回繰り返す。
足の左右を交代して、同様に5回繰り返す。

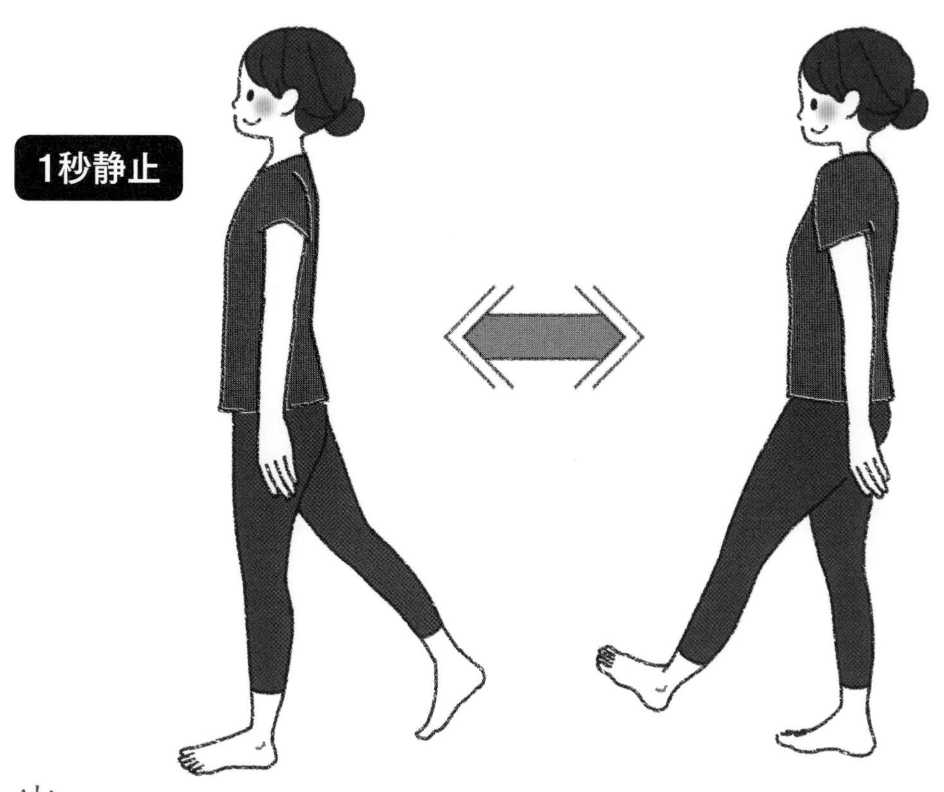

MEMO

ふらつく場合は、壁に片手をついて行ってください。かかとからソフトに着地して足裏全体で立ちます。姿勢が前屈みになっていると、足裏全体でドンと踏み下ろしがちなので注意しましょう。レッスン3（62ページ）での、前に出した足の上にまっすぐ立つ感覚を忘れずに！

歩きの質問箱

20年以上の指導経験の中で多い相談とは

腰の自然な反り、後ろ足の伸び、片足立ち、歩きのリズムという4つのレッスンを通して、良い歩き方の方法をお話しししました。

歩き方の指南書の多くは、「こう歩こう」と指示するものが多いので、「意識せずに」といわれて戸惑った方も多いでしょう。

しかし本書で紹介しているのは、私が長年「歩き方の指導」をする中で、試行錯誤を経て見つけたベストな方法です。私は、20年以上前に受けた歩き方のレッスンを通じて歩行の重要性を知り、以来、工夫を重ねてきました。その結果、筋肉と姿勢を調整して**「身体の良い使い方」**を覚えてもらうという方法にたどりついたのです。

現在スタジオに来られる生徒さんたちも、この方法で歩きが劇的に改善しています。

ストレッチとレッスンで身体の基盤が整い、良い歩きのノウハウも習得すると、残るは「小さなようで、意外に悩ましい問題」です。

私のスタジオに来られる、老若男女さまざまな生徒さんから、日々、歩きの素朴な疑問や悩み事を、さまざまうかがっています。

とくに中高年の方々からいただく「ちょっとした悩み」はリアルで、語る方々がみな「こんなことで悩むの、私だけ？」とおっしゃるのも特徴的です。そんな声の中から、とくによくある質問を次ページから紹介します。「これ、私も悩んでた！」が、解決できれば幸いです。

ひざは伸ばして歩くほうがいいの？

A　意識して伸ばす必要はありませんが、曲がりっぱなしに要注意

歩くときのひざの動きは複雑です。かかとが接地するときに伸び、その後曲がり、足裏全体がついたらまた伸びて、地面から離れるときにはまた曲がります。二度伸び、二度曲がるこの動きを「ダブルニーアクション」といいます。この動きによって接地の衝撃が吸収され、重心の上下動が少なくなり効率よく歩けるのです。

しかし、この一瞬の動きを、意識して行うことはできません。ですから無理に伸ばそうとしなくてもOKですが、「曲がりっぱなし」には要注意。ひざや太ももに余計な負担がかかってしまいます。ひざが曲がりっぱなしになるのは主に前屈みのせいです。**歩行中は意識して上体を起こすようにしましょう。**

腕は振ったほうがいいの？

A　無理に振る必要はありません。振るなら「後ろ」を意識して

腕を振るのは、スピードを出すためですから、ゆっくり歩くなら、無理に振らず、ごく自然に任せておけばOKです。

スピーディーに腕を振って歩きたいときは、**上体を起こして「後ろに振る」**ことを意識しましょう。前に振ると、腕や肩が前に出て、腰が引けたような姿勢になりがちです。

なお、背中の筋肉の動きが悪いと、腕をうまく後ろに振れません。その改善には「アームスイング」がおすすめです。両ひじを90度に曲げ、手は握らずパーの形で少し前傾姿勢を取り、陸上選手のようにひじを後ろに、肩の高さまでリズム良く振る練習を30回ほど鏡の前で行ってみてください。

Q3 「一本線上」を歩いたほうがいいの？

A 線の「外側」を歩くイメージで歩きましょう

左右の足の着地点に幅ができて「二本線」になるのは、**バランスを保つ中臀筋（ちゅうでんきん）が衰えているせい**です。ヨタヨタと左右に揺れる歩きは、高齢者によく見られます。3章のレッスン3（62ページ）で、中臀筋を刺激しましょう。

一方、極端な「一本線」も不自然で、ファッションモデルのような歩き方は日常には不向きです。

ベストは、**線の「外側」を歩くイメージ**です。一本の紐（ひも）があるつもりで、その外側に足をつきましょう。その際、足の第二趾（だいにし）（人差し指）を前に向けることを意識してください。それが「足をまっすぐ前に向けた」状態です。

Q4 かかとから足をついたほうがいいの？

A 上体を起こせば、自然にかかと着地になります

かかとで着地し、つま先で離れるのが理想です。このとき足裏の重心移動は特徴的で、かかとから親指に一直線ではなく、かかとからやや小指寄りを通って親指に抜けるのです。

しかし意識してこのように歩くのは難しいので、まずは、**正しい姿勢を取ることを一番に意識してください。**

前屈みになると、足裏全体で着地してしまいます。**上体を起こせば、自然とかかとからソフトにつきやすくなります。**

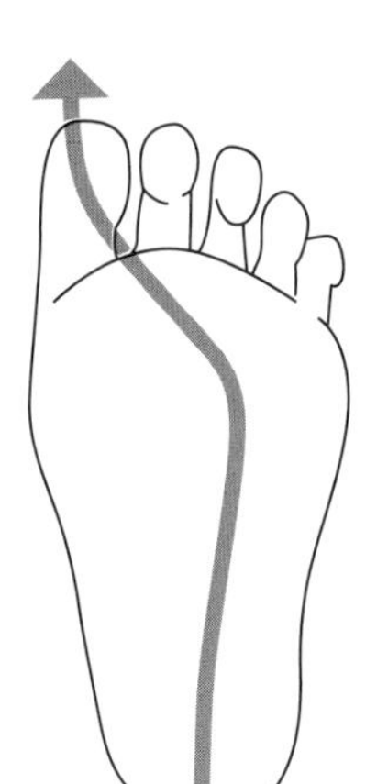

歩くときの足裏の重心移動

歩幅が狭くなってきたように感じるのはどうして？

A　ねこ背が原因。前屈みになると、足が前に出ません

これは姿勢のせいであることがほとんどです。ねこ背になると、足を出しているつもりでも、前に出にくくなります。

解決策は、上体を起こすことと、61ページの「あしながストレッチ」で腸腰筋（ちょうようきん）を伸ばすことです。

腸腰筋が働くと、足を前に出そうとしなくても、後ろ足で身体が前に押し出され、自然に歩幅が広がります。

ちなみに、横断歩道の白いラインの幅はたいてい45センチあります。青信号を渡りながら、今の自分のだいたいの歩幅を知っておくのに便利です。

Q6　歩いていると、知らず知らずのうちに片側に寄ってしまう……

A　着地している時間が、左右で違うのが原因です

右足と左足それぞれに乗っている時間に差があるのかもしれません。右足の接地している時間が0・5秒、左足は1秒だとしたら、どんどん右に寄ります。

人は、足だけでなく目や耳、さまざまな感覚器官を使って動作を調整します。改善策として、広く安全な場所で、**目を閉じて10歩歩いてみましょう。**「右に寄っている」と気づいたら、また目を閉じて10歩。最初は動きがギクシャクしますが、徐々に修正できている証拠なので、慣れれば自然にまっすぐ歩けるようになっていきます。

Q7 がんばって歩いているのに、人に追い抜かれてしまう……

A 下腹の力が抜けているのが原因！

歩くのが遅い人によく見られるのは、腰の反り過ぎです。この状態では、足を前に出しているつもりでも、かかとが少し手前に戻ってしまう状態になるため思っているより進めません。

解決するには、**立った状態でその場で両足のかかとを上げて、止まる練習**が有効です。

ピタッと止まれたら、きちんと腹筋が使えている証拠ですが、グラグラするなら、下腹の力が抜けてしまっています。ピタッと止まった状態から静かにかかとを下ろし、その感覚を保ったまま歩き出しましょう。

Q8 靴のかかとのすり減り、なんとかならない？

A 腰が落ちていると、足を前に出したときにすり減ります

靴がすり減るのは、前に出した足が着地をする直前にズルズルと地面をこするからです。前に出す足がしっかり上がっていればこの現象は起こりません。

では、なぜ前足が上がらないかというと、それは、**腰が落ちている**せいです。

そこで、腰が落ちないようにする運動をしてみてください。壁に身体の側面を向けて立ち、片方の手を壁につき、もう一方の手を脇腹（みぞおちとおへその間）に当てて、手を当てたほうの足を前後にブラブラと振りましょう。

足先だけでなく、手を当てた部分から足を振る感覚で行うのがコツです。

Q9 歩いていると靴下が脱げたり、回ったりするのだけど……

A 足裏の重心移動を改善しましょう

立ったままで、手を使わず、もう片方の足も使わず、靴下を脱いでみましょう。床と足をすり合わせて脱ごうとしませんか？　靴下が脱げる人は靴の中で同じことをしています。接地のとき、足を後ろにずらすクセがあるのです。

上体を起こし、**今より3センチ前方に「かかとで」着地する**ことを意識してみましょう。

また、靴下が回るのは靴の中で足をよじっているせいです。とくに後ろ足で蹴り出すときに、**足の人差し指を前に向ける**よう意識しましょう。双方とも、足裏の重心移動（68ページ・Q４）の改善が近道です。そのために、壁に手をついて、かかととつま先を交互に上げる動きを繰り返すのも有効です。

つまずきやすくていつも不安……

A 「つま先が上がっていないから」の背後に真の理由があります

足に質と書いて「躓く」。歩き方の質が悪い……のでしょうか？　思うに、問題はむしろ上体にあります。「つま先が上がっていないからつまずくのだ」とよくいわれますが、上がらない原因は**前屈みの姿勢**です。ちなみに私のリサーチでは「つまずく時間帯」は圧倒的に午後が多いようなのです。疲れてきて、前屈みになるせいでしょう。

まっすぐ立てていれば自然につま先は上がりやすくなります。59ページで紹介した「腰肉つまみ歩き」でチェックしましょう。腰の、背中側の肉をつまんで、さらに足踏みをしてみてください。肉がつまめていれば、上体はまっすぐ立っています。

歩きとの付き合い方

「歩き始めの10歩」だけ意識しよう

良い歩き方は、それができる筋肉や姿勢が整っていれば、意識しなくてもできる、とお話ししてきました。一方、「上体を起こそう」「一本線の外側を歩こう」などはやはり意識したほうがベターです。とはいえ、歩きながらずっとそんなことを考えるのは少々荷が重いですね。

そういうわけで、私はいつも**「歩き始めの10歩」だけ意識する**ようにしています。「歩き始める」機会は1日に何度もありますから、それだけでも十分に心がけができるといえます。

ほかにも、ショーウインドーに映った自分の姿を見たり、ときには家族や友人に動画を撮ってもらったりと歩いている様子を自己診断するのもおすすめです。自分の歩き姿を見てみると、姿勢のクセに気づくきっかけになります。

読者の皆さんはこの本を通して、人生でもっとも頻繁に行う運動である「歩き」への意識やノウハウを手にしました。身体の使い方を覚えれば、ほかの運動でも効果が上がるでしょう。

一方、私は「あえて『運動』しなくてもよい身体」が究極の理想、とも考えています。疲れずに長く歩ける身体でいれば、日常生活こそが最高の運動になります。ご飯も美味しく、夜はぐっすり眠れます。良い歩きは、歩いている間はもちろん、生活全体も快適にしてくれるものです。歩きから始まる健康な身体、歩いた先にある発見や出会いを、ぜひ大切にしていただきたいと思います。

4章

いつまでも
元気に過ごすための
毎日の習慣

「歩く」ことのほかにも、日常生活にはさまざまな動作があります。良い姿勢を保っていつまでも元気に過ごすには、ちょっとした日々の心がけが大切です。4章では、そんな毎日の工夫についてお話しします。

屈む

洗顔するとき、食器を洗うとき、掃除機をかけるとき、椅子に座るとき、床に落ちたものを拾うとき、靴を履くとき……。

人は、1日のうちに数え切れないほど頻繁に「屈(かが)む動作」をします。屈む動作が間違っていると、腰へのダメージが徐々に蓄積されて、腰痛などを引き起こしやすくなってしまいます。

しかし、この重要性は意外に理解されていないものです。「正しく屈む」方法を身につけていただくことは、その後の人生の幸福度にもつながると私は感じています。

その方法はシンプルで、とにかく**「お尻を後ろに突き出すこと」**です。これによって股関節の力が発揮できるので、効率よく、しかも腰やひざの負担も軽減できるのです。

お尻を突き出すコツを知るには、「椅子スクワット」が一番です。机に手をつき、椅子にお尻がつくように、お尻を突き出してみましょう。机と椅子を使えば安全に正しいスクワットができ、ヒップアップにも効果的です。

なお、腰を痛めない「荷物の持ち上げ方」も知っておきましょう。ポイントは「身体の正面かつ近くに荷物が来るように立ち、視線をやや上にする」こと。こうすると腰への負担を減らすことができます。

座る

骨盤を横から見ると、逆三角形のような形をしています。その逆三角形は、30度ほど「前傾」した状態が理想とされます。

しかし、座るときはよほど筋力が強く、さらに意識し続けなければ「後傾」になりがちです。その意味で、人の骨格は長時間座ることに向いていません。座っているのは立っているのに比べてラクかと思いきや、意外に負担が大きいのです。

座っているとき椎間板(ついかんばん)にかかる負荷は、立っているときの1・4倍、前傾姿勢をとれば約2倍とされているほどで、デスクワークは腰に大きな負担をかけています。

ですから、座ってばかりは禁物です。運動不足による肥満、下半身の血行障害、高血圧など、そのリスクには計り知れないものがあります。WHO(世界保健機関)の調査によると、座って動かない生活をしていることが要因の死者は、年間200万人にのぼるそうです。

下半身の筋肉の弱りは意外なところにも現れます。座っていて「下着の縫い目が痛い」と感じたことはありませんか? それは、お尻の筋肉が弱っている兆候です。

とはいえ、ずっと座らないでいるわけにもいきませんので、まずは自分に合った椅子の高さを知りましょう。大まかな目安は、「身長(㎝)÷4」の高さ(㎝)です。**「両足裏とお尻の3点で身体を支えられる」**ようになり、腰への負担が軽減し、腰が前にずれて丸くなることも防げます。

「座る」ときのチェックポイント

- 椅子の高さの目安は「身長÷4」センチ
- 座るときは「両足裏とお尻の3点で身体を支える」ことを意識する

スマートフォン・パソコン

仕事に趣味に、娯楽にと、私たちは四六時中スマートフォンやパソコンを利用しています。きわめて便利な情報ツールですが、前屈みで画面を凝視するという悪い姿勢を招きがちではないでしょうか。眼精疲労・首凝り・肩凝り・腰痛、そして歩き方にも当然、悪影響が出てしまいます。

そこで役立つ魔法の言葉が**「ヘッズアップ」**。

英語圏では「気をつけて!」という意味で使う言葉ですが、ここでは文字通り「頭を上げて!」と、自分に注意喚起しましょう。

つい画面に引き寄せられていることに気づいたら、その都度「ヘッズアップ!」。

そう唱えて、頭を上げて、背筋を伸ばすことを繰り返しましょう。

なお、舌の位置にも注意が必要です。

今、あなたの舌先は上あごに触れていますか? 離れているのは正しくない位置です。顔が前に突き出され、首に負担がかかるだけでなく、食べものを飲みこむ力にも影響します。ですから、こちらも注意してください。

食事

「身体に良い食事」を考えるとき、多くの人は「何を食べるか」ばかりに注目します。

その点のみに着目すると、本来の目的を見失いやすくなります。情報にひきずられ、メディアで紹介されていた同じ食材ばかりを食べ、しばらくして飽き……の繰り返しになっている方もいるかもしれません。

日ごろ食べているものの善(よ)し悪(あ)しを知るには、簡単な方法があります。

それは、身体からの**「大きなお便り」**、つまりトイレで出すもので判断することです。

茶褐色で、臭いの強過ぎないお便りが出て、出したときにスッキリするなら、良い食事を摂れている証拠です。腸内環境も精神面も良い状態だと考えられます。

そんなお便りが届くように「これを食べよ」とは一概にはいえませんが、確実におすすめできるのは次の2点です。

一つ目は、**「なるべく食材の原形が見えるものを選ぶこと」**。

オレンジジュースよりも果物のオレンジ。ひき肉よりも塊(かたまり)肉。噛むことで、消化機能を高められるからです。

二つ目は、**「1日の中で最低でも1食、肉や魚などのたんぱく質を摂ること」**。

調理の手間を避けて、お茶漬けのみ、などで食事を済ませたくなるところをグッと踏ん張りましょう。

成人女性に推奨される「1日50グラム」に従えば毎食が理想ですが、面倒な方もいるかと思います。無理なく続けられる「1食」を、まずは心がけてください。

考え方のコツ

「いつまでも生き生きと過ごす」ことを叶(かな)えていただくために、この章では「良い姿勢を保つコツ」と「食事」についてお話ししました。そして運動習慣も大事であることは、3章までの話からもおわかりいただけたと思います。

運動というと、「昨日は食べ過ぎたから、運動しなくちゃ」という具合に、「エネルギーを消費する」側面ばかりが注目されがちです。

しかしそこには、見過ごされているもう一つの面があります。「**運動は、エネルギーを生み出すもの**でもある」のです。

有酸素運動は身体に酸素を取り込み、それがエネルギー源になります。有酸素運動の代表格は、この本のテーマである「歩く」こと。歩くことによって、力が生まれて人は元気になれるのです。

歩くときの爽快感は、素晴らしいエネルギー源で、私は日々それを満喫しています。景色や人や街並みを見ながら歩く、ときには何も考えずに歩く。すると、活力がみなぎってきます。

もう一つ、生活習慣の中で意識していただきたいのは「**息**(いき)」、**つまり呼吸**です。

息という字は「自」の「心」と書くように、精神状態と深くつながっています。呼吸が浅い人は、心も「息づまる」状態にあるのではないでしょうか。

深く息をするには、声を出すのが一番です。歌うもよし、話すもよし。息を吐けば、必要な分を自然と吸って深い呼吸ができるようになり、気がつくとエネルギーが心身にチャージされるのを感じられるはずです。

「歩くこと」と「息を吐くこと」、このいつでもチャージ可能なエネルギー源を、ぜひ生活の中で意識してみてください。

おわりに

「寝たまま股関節スローストレッチ」と関連エクササイズ、いかがだったでしょうか。
これらを実践した先に、「歩ける身体」が備わります。
2020年は、誰もが、家の中にいることで互いの健康を守ってきました。だからこそ、実感できたはずです。
たまに外に出て歩いたとき、気持ちがパッと晴れたこと。
そして心が和らぎ、自分や人に優しくなれたこと。
科学的にいえば、それは有酸素運動がセロトニン分泌を促した結果です。平たくいうと、歩きは人に幸福をもたらすということです。爽快感や充実感、発見と出会いがもたらす高揚感など、その効果は計り知れません。
「そんなことをいわれても、私は歩くのは嫌い」という方も、中にはおられるかもしれませんね。そんな方こそ、まずは自宅で、10秒間だけ、股関節をじんわり伸ばしてみましょう。外に出て、まずは「30歩だけ」歩いてみましょう。少しだけ、心が動くのを感じられるはずです。それは、運動が心にエネルギーを与えてくれた瞬間です。
人はそもそも動きたい生き物です。まずは身体をほぐしてみましょう。
そうして少しでも多くの方が、身体と心を健やかにし、今日も明日も明後日も、前に進んで行かれることを願ってやみません。

〈著者紹介〉
藤本陽平（ふじもと・ようへい）
股関節ストレッチスタジオ「Natural Movement」（東京・二子玉川）代表。ＮＳＣＡ認定パーソナルトレーナー。ヒトのカラダに備わっている自然な動き「ナチュラルムーブメント」を取り戻す“疲れない・壊れない・衰えない”カラダづくりを指導。パーソナルレッスンを行うほか、カルチャーセンターや学校、企業などでも運動指導や講演などを行っている。著書に『股関節スローストレッチ　10年先も元気なカラダ！』（新星出版社）、『10秒の「股関節ストレッチ」でねこ背は治せる！』（ＰＨＰ研究所）などがある。
ホームページ　http://akarada.com/

〈監修者紹介〉
斉藤　究（さいとう・きわむ）
さいとう整形外科リウマチ科院長。1999年国立浜松医科大学を卒業。東京での内科一般、救命救急医療研修の後、刈谷総合病院にて整形外科一般、名古屋医療センター（旧国立名古屋病院）にて各種生物学的製剤を含めた最新の関節リウマチ治療と変形性膝関節症・股関節症に対する人工関節手術、骨折治療、救急外傷診療、災害医療、医学教育に従事。2011年５月、さいとう整形外科リウマチ科を開院。筋肉・筋膜が原因となる急性・慢性の痛みに対して注射やリハビリテーションを併用した治療を行っている。編書・監修書に『教えて！救急 整形外科疾患のミカタ』（羊土社）、『10秒の「股関節ストレッチ」でねこ背は治せる！』（ＰＨＰ研究所）などがある。
ホームページ　http://saito-seikei.jp/

一生歩ける！ 寝たまま10秒 股関節スローストレッチ

2020年８月11日　第１版第１刷発行
2024年５月24日　第１版第11刷発行

著　者　藤本陽平
監修者　斉藤　究
発行者　村上雅基
発行所　株式会社PHP研究所
京都本部　〒601-8411　京都市南区西九条北ノ内町11
〔内容のお問い合わせは〕暮らしデザイン出版部 ☎075-681-8732
〔購入のお問い合わせは〕普　及　グ　ル　ー　プ ☎075-681-8818
印刷所　株式会社光邦
製本所　東京美術紙工協業組合

ISBN978-4-569-84784-9